Theologische Studien

Neue Folge

TVZ

Theologische Studien

Neue Folge

herausgegeben von
Thomas Schlag, Reiner Anselm,
Jörg Frey, Philipp Stoellger

Die Theologischen Studien, Neue Folge, stellen aktuelle öffentlichkeits- und gesellschaftsrelevante Themen auf dem Stand der gegenwärtigen theologischen Fachdebatte profiliert dar. Dazu nehmen führende Vertreterinnen und Vertreter der unterschiedlichen Disziplinen – von der Exegese über die Kirchengeschichte bis hin zu Systematischer und Praktischer Theologie – die Erkenntnisse ihrer Disziplin auf und beziehen sie auf eine spezifische, gegenwartsbezogene Fragestellung. Ziel ist es, einer theologisch interessierten Leserschaft auf anspruchsvollem und zugleich verständlichem Niveau den Beitrag aktueller Fachwissenschaft zur theologischen Gegenwartsdeutung vor Augen zu führen.

Theologische Studien

NF 8 – 2014

Thomas Schlag

Aufmerksam predigen

Eine homiletische Grundperspektive

T V Z
Theologischer Verlag Zürich

Gedruckt mit freundlicher Unterstützung der Ulrich Neuenschwander-Stiftung

Bibliografische Informationen der Deutschen Nationalbibliothek

Die Deutsche Nationalbibliothek verzeichnet diese Publikation in der Deutschen Nationalbibliografie; detaillierte bibliografische Daten sind im Internet über http://dnb.d-nb.de abrufbar.

Umschlaggestaltung: Simone Ackermann, Zürich

Druck: ROSCH-BUCH GmbH, Scheßlitz

ISBN 978-3-290-17808-6

© 2014 Theologischer Verlag Zürich

www.tvz-verlag.ch

Inhaltsverzeichnis

Vorwort 9

1. Einleitung 11

2. Ausgangspunkte 17
   2.1 Zwei Fragedimensionen 17
   2.2 Zielsetzungen 21

3. Spannungsreiche Aufmerksamkeitserfahrungen 27
   3.1 In der medialen Öffentlichkeit 27
   3.2 Bei den Hörenden 30
   3.3 Im kirchlichen Handeln 34
   3.4 Bei den Predigenden 35

4. Erste Orientierungen 39
   4.1 Theologisch-hermeneutische Dimension 40
   4.2 Öffentliche Dimension 44
   4.3 Ethische Dimension 48
   4.4 Profildimension 50
   4.5 Pädagogische Dimension 52
   4.6 Professionalitätsdimension 55

5. Differenzierungen 57
   5.1 Semantische Differenzierungen 57
   5.2 Phänomenologische Differenzierungen 60
   5.3 Medientheoretische Differenzierungen 62
   5.4 Psychologische Differenzierungen 63
   5.5 Pädagogische Differenzierungen 65
   5.6 Rhetorische Differenzierungen 68
   5.7 Biblische Differenzierungen 70
   5.8 Systematisch-theologische Differenzierungen 74

6. Zur Qualität aufmerksamkeitsorientierten Predigens 77

7. Überlegungen zu einer Homiletik im Horizont
   der Aufmerksamkeit 81
   7.1 Prinzipielle Überlegungen 81
   7.2 Die hermeneutische Grundaufgabe 85

**8. Pastoraltheologische Konsequenzen und
eine politisch relevante Konkretion** 87

9. Predigen als Aufmerksamkeits-Kunst 93

9.1 Die Kunst wahrnehmender Aufmerksamkeit:
Konsequenzen für die Vorbereitung 93

9.2 Die Kunst anhaltender Aufmerksamkeit:
Konsequenzen beim Halten einer Predigt 96

9.3 Die Kunst nachdenkender Aufmerksamkeit:
Konsequenzen für die Nachbetrachtung einer Predigt 103

**10. Kasualtheoretische Konsequenzen:
Aufmerksamkeit in Einmaligkeits- und Ausnahmesituationen** 107

11. Kirchentheoretische Konsequenzen 111

11.1 Gemeindliches Handeln 112

11.2 Handelnde Gemeinde 114

11.3 Der Raum der Gemeinde 117

12. Fazit 121

Literaturverzeichnis 125

Das Wort gehört halb dem, der spricht,
und halb dem, der angesprochen ist.

Michel de Montaigne (1533–1592)
Essais: Drittes Buch, dreizehntes Kapitel, Über die Erfahrung (1588)

Vorwort

Die vorliegende Studie hat einen schon länger vertrauten Sitz im Leben des Verfassers. Ihr liegen vielfältige Erfahrungen mit der Predigt und deren jeweiligen Kontexten zugrunde – sei es als Predigender, sei es als Hörender unterschiedlichster, kreativer religiöser Reden bei allen möglichen Gelegenheiten.

In der Selbstbeobachtung und im Rückblick vermag ich kaum eindeutig zu sagen, weshalb mich ein einzelnes Predigtwort nachhaltig beeindruckt hat und andere Wörter schon bald gänzlich verloren gingen. Warum fällt einem manche Textauslegung eher leicht, während andere Brocken die sinnvolle Deutung unendlich schwer machen? Aus welchem Grund kann ich als Gottesdienstteilnehmer mancher predigenden Person nur mit Mühe folgen, während ich mich mit einem anderen Ausleger ganz und gar überzeugt auf ein gemeinsames Wortgeschehen einzulassen vermag?

Mit jedem Schritt in die konkrete Predigtpraxis hinein drängen sich offenbar lebendigste Fragen in das eigene Erleben hinein. Und wenn man sich umblickt und umhört, so ist man mit solchen ambivalenten Erfahrungen weder in der Zunft der predigenden Theologinnen und Theologen noch unter der Hörergemeinde alleine. Aber darüber gesprochen wird auf allen Seiten eher zurückhaltend und selten – ob wohl stille Freude oder stummes Erleiden Grund dafür ist? Selbst nach langer Zeit eigener sprechender und hörender Predigtpraxis sind jedenfalls die Herausforderungen kaum geringer und die wesentlichen Fragen sicherlich nicht kleiner geworden.

So halte ich es aus praktisch-theologischen und persönlichen Erwägungen heraus für an der Zeit, einen Zwischenhalt einzulegen – nicht zuletzt, um dem eigenen Schreiben und Hören grundsätzlicher auf die Spur zu kommen und beides neu inspirieren zu lassen.

Möglicherweise haben viele der angedeuteten Erfahrungen mit der Grundperspektive der Aufmerksamkeit zu tun. Man könnte folglich fragen, ob Aufmerksamkeit in der Predigtpraxis und ihrer homiletischen Reflexion bisher wirklich schon ausreichende Aufmerksamkeit erfahren hat. Dieser Grundfrage versucht diese Studie intensiver und in verschiedenen Perspektiven nachzugehen. Damit soll für die Überzeugung geworben werden, dass es viele gute – offenkundige wie geheimnisvolle – Gründe gibt, vom Ereignis der Predigt und deren praktisch-theologischer Deutung auch weiterhin fasziniert zu sein. Insofern soll mit den folgenden Überlegungen auch für die «eigene Sache» von Predigt und Theologie das Wort ergriffen werden.

Den folgenden Überlegungen liegt ein intensiver Austausch mit Menschen zugrunde, die mir aus unterschiedlichster fachlicher und freundschaftlicher Perspektive heraus Aufmerksamkeit für dieses Projekt geschenkt haben: Zu danken ist meinen Mitarbeiterinnen und Mitarbeitern Sonja Keller, Jasmine Suhner und Frank Weyen, die kritisch, konstruktiv und hilfreich unterschiedliche Versionen kommentiert haben.

Dankbar bin ich den Kolleginnen und Kollegen Markus Beile, Gerald Büchsel, Andreas Goerlich, Eberhard Grötzinger und Walter Scheck für ihre Rückmeldungen zu einzelnen Teilen und zum Grundansatz der Studie. Sie haben aufgrund ihrer regelmäßigen Predigtpraxis und ihres langjährigen beruflichen Alltags im Pfarramt dafür gesorgt, dass sich die vorgelegten Überlegungen hoffentlich nicht allzu weit von den alltäglichen Umsetzungschancen und Praxisgrenzen im Pfarramt entfernt haben.

Wertvoll waren mir die anregenden und von großer psychologischer Kenntnis und tiefer freundschaftlichen Aufmerksamkeit geprägten Gespräche mit Jochen Genthner. Für die verlässliche Lektorierung des Gesamtmanuskripts danke ich meinem unverzichtbaren Mitarbeiter Jonas Stutz.

Erinnert sei mit dieser Schrift an die am 22. September 2013 viel zu früh verstorbene Verlagsleiterin des Theologischen Verlags Zürich, Marianne Stauffacher. Sie hat nicht nur die Reihe der Theologischen Studien immer überaus freundlich, wohlwollend und kompetent begleitet, sondern wollte auch dem hier nun vorliegenden Manuskript ihre ganze Aufmerksamkeit widmen. Dass die weitere Zusammenarbeit von einem Moment auf den anderen nicht mehr möglich war, hat mich und auch die weiteren Herausgeber der Theologischen Studien persönlich tief erschüttert. Die letzten Entstehungsschritte dieser Studie sind vom stillen, imaginären Gespräch mit ihr geprägt. Lisa Briner danke ich herzlichst für die genaue Relektüre des Manuskripts sowie für die Weiterführung der gemeinsamen Arbeit mit dem Theologischen Verlag Zürich.

Gewidmet ist diese Studie dem beinahe lebenslangen persönlichen und familiären Begleiter Pfarrer Karl Wilhelm Hesse, dessen hoffnungsvolle Predigtstimme, seine bescheidene Wortwahl und aufmerksam-seelsorgerliche Präsenz ich erstaunlicherweise immer noch in tiefer Erinnerung habe. Aber vermutlich ist dies gar nicht so erstaunlich.

Thomas Schlag
Zürich, im Oktober 2013

1. Einleitung

Überlegungen zur Predigtkultur setzen gerne mit der dunklen und dramatisch dichten Rede einer fundamentalen Not und Krise ein. Vertraut man dem Grundton mancher homiletischen Abhandlung, so scheint gerade dieses Feld kirchlicher Praxis von höchst komplizierter und schwer wiegender, ja beinahe unmöglicher Art zu sein.

Manche Pfarrerinnen und Pfarrer haben tatsächlich unüberhörbar Schwierigkeiten, das eigene Predigen als glänzendes Grundmerkmal ihres theologischen Berufs sowie als selbstverständlichen Grundvollzug ihres kirchlichen Auftrags zu empfinden. Predigt versteht sich längst nicht mehr von selbst. So gibt es aktuell gute Gründe, die vielfältigen Problemlagen des Predigens intensiv wahrzunehmen und in aller Ungeschminktheit zu benennen.

Allerdings sollen die folgenden homiletischen Ausführungen – auch wenn sie in gewisser Weise selbst mit der Not eingesetzt haben! – weder von den Schattenseiten des Predigtalltags, noch gar von Depression oder Panik geprägt sein. Die Klage *innerhalb* der Predigt ergibt im Einzelfall hohen Sinn, als Tenor *über* das Predigen trägt sie nur bedingt hilfreichen Charakter und wäre auch nichts Neues.

Dies zeigt schon ein Blick in die Geschichte des Predigens und seiner Schwierigkeiten: Dass bereits Paulus' langes Reden zum – vermeintlich – tödlichen Fenstersturz des dabei eingeschlafenen Jünglings Eutychus führte (Apg 20), ist hinlänglich bekannt. Zur Mythenbildung über die angeblich so begeisternde frühchristliche Rede besteht wenig Anlass: Offenbar stach bereits der glänzende Chrysostomos in seiner Zeit deutlich unter den anderen Predigern hervor. Sein Name war jedenfalls schon damals eine Art wünschenswertes Gegenprogramm und seine Predigten stellten ein Ereignis dar.[1] Nicht jeder hatte eben Gold im Mund. Dass Augustinus sich intensiv mit Grundfragen des rechten Predigens befasste, damit die Wahrheit klar werde, gefallen und bewegen möge,[2] lässt nicht zuletzt auf die schon in seiner Zeit verbreiteten Missstände und greifbaren Schwierigkeiten schließen. Dass man «in gottes dienst aufmerkig»[3] sein muss, stellt jedenfalls keine moderne Einsicht dar. Schon immer ließ die Kunde von einem faszinierenden Prediger aufhorchen und aufmerksam werden, so dass es sich dabei wohl jederzeit um rühmliche Ausnahmen handelte.

---

[1] Vgl. *Leppin*, Die Kirchenväter und ihre Zeit, 58.
[2] *Augustinus*, De doctrina Christiana, IV. Buch, 28.61.
[3] *Agricola*, in: Art. aufmerkig, attentus.

Dass elementare Nöte des Predigens benannt werden, ist folglich vermutlich so alt wie die Predigtpraxis selbst. Durch die Zeiten hindurch wird die Schwierigkeit formuliert, dass sich das gepredigte Wort aufgrund seiner Kraft- und Bildlosigkeit dem Hören entziehe oder doch mindestens in seiner Lebendigkeit gefährdet sei.[4] Immer aufwendiger werde es, sich überhaupt öffentlich verständlich zu machen. Leidend wird betont, dass der Anspruch des Verkündigungsauftrags kaum noch zu erfüllen sei, wenn in ähnlich altmodischer Art weiterverkündigt werde.[5] Das Predigen habe überhaupt keine besondere Orientierungskraft mehr für die alltäglichen Herausforderungen des Lebens. Ja, sie stelle, so in deutlichstem Ton Gerhard Ebeling, nicht mehr als eine institutionell gesicherte Belanglosigkeit dar.[6] Solche und ähnliche Klagen bilden durch die Zeiten hindurch einen verlässlichen und tiefen homiletischen Grundton.

Nun macht jeder noch so profilierte Wort-Künstler die offenbar notwendige Erfahrung, dass Form und Inhalt seiner konkreten Wortverkündigung von der Kritik schlichtweg als nichtssagend empfunden und gnadenlos verrissen werden können – wobei allerdings auch zu sagen ist: «Selten genug muss sich eine Predigt der öffentlichen Kritik stellen, wie es im Bereich der Kunst gang und gäbe ist.»[7]

Das lesende, sehende und hörende Publikum ist eine schwer einzuschätzende und keineswegs automatisch dankbare Größe. Nicht selten – so wissen Leute anderer Schau- und Wort-Bühnen zu berichten – handelt es sich um ein launisches, im Extremfall gefräßiges Monster.[8] Gar so weit mag man in der Beschreibung der Predigtgemeinde nur ungern gehen. Aber dass hier viele Reaktionen unwägbar bleiben, stellt eine oftmals leidvolle und eher selten erfreuliche Tatsache dar: «Weder Dichter noch Orator können sicher sein, dass ihr Adressatenkalkül gelingt.»[9] Es würde allerdings dem Akt der Darstellung und dem Streben nach Ausdruck von vornherein seine unverwechselbare Offenheit, sein Überraschungsmoment und seine Würde nehmen, würde man hier anderes erhoffen oder gar erwarten.

Für diese Studie sei deshalb als Hintergrund und Horizont an diese programmatische Unverfügbarkeit angeknüpft und von dort her eine grundsätz-

---

4 Vgl. *Schleiermacher*, Die praktische Theologie, 301.
5 *Niebergall*, Die moderne Predigt, 9; vgl. dazu *Conrad*, Kirchenbild und Predigtziel, v. a. 359ff.
6 Vgl. *Schwier*, Plädoyer, 142.
7 *Sagert*, Langweilig!, 187; vgl. zur «Gedankenschärfe» der wohl öffentlichsten Echtzeit-Form der Literaturkritik, des Ingeborg-Bachmann-Preises, *Hugendick*, Literaturkritik.
8 Vgl. *Suchsland*, Rotkäppchen.
9 *Knape*, Was ist Rhetorik?, 62.

lich positive Motivation für alle Predigtpraxis und deren Reflexion benannt: Die folgenden homiletischen Überlegungen sind von der aktiven, redenden und hörenden Erfahrung einer Grundfreude am kreativen Denken und am schöpferischen Umgang mit dem Wort getragen – und dies in der Hoffnung, dass die subjektive Empfindung eigenen gelungenen Predigens wenigstens ein Stück Resonanz bei der jeweiligen Hörerschaft gefunden hat und finden kann. Dass man dies natürlich im Einzelfall nicht wissen kann, gehört, wie bereits angedeutet, zum positiven Wagnis und potenziellen Überraschungsreichtum dieser Praxis.

Und ein Weiteres soll betont werden: So wenig repräsentativ medial transportierte Bilder leerer Kirchen für den Gesamtzustand kirchlichen Lebens sind, so trügerisch wäre es, aus der eigenen Erfahrung belangloser, oberflächlicher oder schlichtweg langweiliger Predigten auf deren generelles Erscheinungsbild zu schließen: Wie wohl auf keinem anderen pastoralen Betätigungsfeld kann im Prozess des Predigens die Lust am kreativen Prozess der Verfertigung und Überprüfung von theologischen Einsichten, das Entdecken unterschiedlichster Text- und Weltbezüge sowie die diskursive Entfaltung eigener Überzeugungen so intensiv erprobt und zum Ausdruck gebracht werden. Und wie in kaum einem anderen Zusammenhang vermag das Predigthören Gedanken anzuregen und Gefühle – so oder so – zu erzeugen, die ihrerseits mit erheblichen Folgewirkungen verbunden sein können. All dies passiert tatsächlich immer noch tagtäglich! Und dieses «tagtäglich» ist ernst gemeint, insofern sich der Blick weit über den klassischen Gottesdienst hinaus ausweitet – denn es wäre ebenso ein Kurzschluss, angesichts der unterschiedlichsten Gottesdienstformen und -anlässe einfach nur den Sonntagmorgen im Blick zu haben.

Weshalb aber nun das praktisch-theologische Pathos für diese Sache? Das Predigen stellt einen so unverwechselbaren wie unverzichtbaren Bestandteil der theologischen Berufsverantwortung dar. Der Akt des Predigens hat als kreatives Kerngeschäft schlechthin immer noch das Potenzial, größte Bedeutung zu erlangen, und dies sowohl im Selbstbild von Pfarrerinnen und Pfarrern, bei Gemeindemitgliedern wie auch in der breiteren öffentlichen Wahrnehmung. Ausgegangen werden kann nach wie vor von einer subjektiv hohen Bedeutung der Predigt, «und zwar quer durch die Generationen, Lebensstile, Lebensräume sowie die regionale Verteilung.»[10] Dass die Predigt Zentralstück des evangelischen Gottesdienstes ist, scheint jedenfalls nach wie vor eine «unausgesprochene Norm in den Köpfen evangelischer Kirchenmitglie-

---

10 *Pohl-Patalong*, Gottesdienst erleben, 136.

der zu sein.»[11] Allerdings ist auch nicht zu unterschätzen, dass sich von Seiten der Gottesdienstbesucher Erwartungen an Gottesdienste stark in atmosphärischen, ästhetischen und gemeinschaftsbezogenen Kategorien ausdrücken und auch daran festmachen.[12]

Es gibt wohl nur wenige eindrücklichere Gelegenheiten des pastoralen Alltags, um auf substanzielle Orientierungsfragen und auch auf neue Einsichten aufmerksam zu werden, aufmerksam gemacht zu werden und aufmerksam zu machen. Die leitende Grundannahme und Überzeugung ist folglich, dass attraktives Predigen immer wieder gelingt und auch weiterhin gelingen kann. Theologische Rede im Modus aufmerksamer Signalhaftigkeit wird vielleicht nicht unmittelbar, aber doch nachhaltig Auswirkungen darauf haben, ob pastorale Praxis überhaupt als relevant erlebt wird.

Problemlagen zu betonen, ist somit eine so wichtige wie richtige Form der Auseinandersetzung mit aktueller Predigtpraxis. Weiterführender und kreativer ist hingegen ein homiletisch ausgerichtetes *semper reformanda*. Dafür sei zudem folgendes «homiletikophile» Diktum in Erinnerung gerufen: «So wie die Prediger heftig ‹an der Erfahrung der Irrelevanz des Predigens› zu knabbern haben, daran, dass ihre Predigten (vermeintlich?) überwiegend wirkungslos bleiben, so muß sich der homiletische und rhetorische Wissenschaftler eingestehen, dass seine Wirkungschancen noch viel geringer sind. Das berührt die Frage, wieso man dann überhaupt ein homiletisch-rhetorisches Werk schreibt. – Naja, es macht eben einfach Spaß.»[13] Oder um es ernsthafter zu formulieren: Predigtpraxis ist, selbst wenn sie aller Theorie vorausläuft und von einer «Leidenschaft für den Text und die Lust an der gestalteten Rede»[14] getragen ist, gerade auf die kritische Funktion der Theorie als Praxisreflexion verwiesen.[15]

Insofern hat diese Studie auch die Absicht, für ein kontinuierliches theologisch und rhetorisch sensibles Durchdenken der alltäglichen pastoralen Praxis zu werben. Es geht folglich um theoretisch fundierte, «handhabbare Sichtweisen auf die Predigt, die den eigenen Predigtstil greifbarer machen und die eigene Aufmerksamkeit auf die Predigt schärfen.»[16]

Von daher richtet sich diese Untersuchung sowohl an Pfarrpersonen in Praxis, Aus- und Weiterbildung, wie auch an diejenigen, die sich für Mög-

---

[11] A. a. O., 137.
[12] Vgl. etwa *Martin*, Mensch – Alltag – Gottesdienst; *Stolz/Ballif*, Die Zukunft der Reformierten, 70f.
[13] *Thiele*, Geistliche Beredsamkeit, 36.
[14] *Deeg*, Die Leidenschaft für den Text, 56.
[15] Vgl. *Müller*, Homiletik, 171.
[16] *Charbonnier/Merzyn/Meyer*, Einführung, 14.

lichkeiten und Chancen des Predigens unter den gegenwärtigen Zeitumständen überhaupt interessieren – und in aller Aufmerksamkeit nach immer neuen Möglichkeiten persönlicher theologischer Ausdruckskunst suchen. Dafür sei im Folgenden im mehrfachen Sinn für erhöhte Aufmerksamkeit plädiert.

2. Ausgangspunkte

2.1 Zwei Fragedimensionen

Fehlt es gegenwärtiger Predigtpraxis an der notwendigen Aufmerksamkeit? Diese Frage lässt sich in einem doppelten Sinn stellen und verstehen: Sie kann zum einen als Frage nach der *Aufmerksamkeit der Hörerschaft*, zum anderen als Frage nach der *Aufmerksamkeit des Zu-Gehör-Kommenden* entfaltet werden.

Führt man sich einschlägige Predigthilfeliteratur vor Augen, so drängt sich die erste Lesart der Frage auf – der gleichsam *rezeptive Aspekt des verkündigten Wortes*: Die Predigt findet demzufolge in der Hörerschaft nicht mehr im einstmals vermeintlich gewohnten Sinn Aufmerksamkeit. Interessanterweise sind Erwartungen und Erfahrungen, wie bereits angedeutet, durchaus nach wie vor in positiver Weise vorhanden, wenn auch selbst bei evangelisch Getauften von durchaus ambivalenter und auch disparater Art.[1]

Und selbstverständlich ist ein grundsätzlich wohlwollendes Urteil über die Bedeutung der Predigt nicht «mit einer kritiklosen Akzeptanz jeder sonntäglichen Kanzelrede»[2] gleichzusetzen. Positive Rückmeldungen sollten erst recht nicht als Ruhekissen, sondern als Motivation für weiterhin geschärfte Aufmerksamkeit verstanden werden.

Manch sonntägliches Hörverhalten, aber auch manche Kanzelrede sind von nicht unerheblicher Unaufmerksamkeit geprägt. Schiere Müdigkeit, Nachlässigkeiten und wechselseitige Distanzierungsphänomene, manchmal schlichtes wechselseitiges Unverständnis kennzeichnen diese Facette des Gesamtbildes.

Und tatsächlich wirkt manche Predigtsituation schon aufgrund ihres Sprach- und Wortgebrauchs eher anachronistisch als zeitgemäß. Dass die Traditionen der Predigtrede und die Komplexität gegenwärtiger Situationen dann im Einzelfall in vehementer Weise oder schlichtweg in wechselseitigem Unverständnis aufeinanderprallen, vermag kaum zu verwundern.

Folgt man dieser Rezeptionsperspektive, dann hat das *Hören auf* die Predigt seine lange tradierte und gepflegte Selbstverständlichkeit eingebüßt – und dies sowohl bei denjenigen, die Gottesdienste aufsuchen wie erst recht bei denjenigen, die dieses Angebot bestenfalls noch distanziert aus der Ferne wahrnehmen. Eine unverkennbare Formelhaftigkeit und Welt-Abständigkeit des gewählten Sprachrepertoires sowie überbordende Lehrhaftigkeit verhin-

---

[1] Vgl. *Kerner*, Predigt in einer polyphonen Kultur.
[2] *Schwier*, Plädoyer, 139.

dern, so die laut werdende Kritik, dass die Hörenden für die inhaltliche Dimension und Grundintention des gepredigten Wortes wirklich Interesse entwickeln können.

Solche Analysen führen in der Regel dann zum gut gemeinten Ratschlag, dass bei den potenziellen Rezipientinnen und Rezipienten zuallererst wieder eine Grundaufmerksamkeit für diese spezifische Rede erzeugt werden müsse: «Es gilt, die Hörer zu erreichen, zu überzeugen und das kostbarste Gut zu gewinnen: ihre Aufmerksamkeit.»[3] Die Predigerin müsse sich «mit rhetorischen Mitteln darum bemühen, die Aufmerksamkeit der Hörerinnen und Hörer zu gewinnen, so dass diese ‹sehen› können, wovon die Predigerin spricht.»[4]

In der Konsequenz wird bekanntermaßen von Seiten der Predigtexpertinnen und -experten vorgeschlagen, möglichst plausible Bezüge zwischen der Lebenssituation der Hörenden und dem Aussagegehalt der biblischen Botschaft herzustellen, um so auf neue und attraktive Weise für dieses Wortgeschehen zu werben. So brauche es etwa, wie von der amerikanischen Homiletik zu lernen sei, «einen gestalteten Spannungsbogen [...] mit drei bis fünf Gedankengängen (moves), die die Aufmerksamkeit des Hörers jeweils nicht überstrapazieren und in sich kunstvoll zu gestalten sind.»[5] Im Gewand von Versinnbildlichungen, Alltagsanalogien und Anknüpfungen an Bekanntes müsse der Predigtakt in seiner Lebenszugewandtheit deutlich werden, ja der Predigende komme der Gemeinde mit seiner Predigt überhaupt nur nahe, wenn er sich selbst für die Gemeinde als persönlich lebensnah zu erkennen gäbe.

Im Hintergrund entsprechender homiletischer Ratgeberkultur steht die Ansicht, dass die Aufmerksamkeit der Hörenden umso größer sei, desto vertrauter ihnen die vorgeführten Bezüge zwischen der eigenen Lebenswelt und der zu verkündigenden Botschaft erscheinen. So kann es etwa heißen: «Jugendlichen (aber auch immer mehr Erwachsenen) fällt es nicht leicht, längere Zeit konzentriert zuzuhören, zumal, wenn man besonders aufgeregt ist. Hilfreich ist deshalb ein Predigtthema, das [...] in der Welt junger Menschen und ihrer Angehörigen einen Platz hat.»[6] Von dort her erklären sich Ableitungen und Anleitungen wie die folgende: «Darüber hinaus kann die ‹Ansprache› durchaus auch in Dialogform oder als kleines Theaterstück präsentiert werden. Geschichten, Bilder, Alltagsgegenstände und Symbole

---

[3] *Meyer-Blanck*, Homiletische Präsenz, 22.
[4] *Karle*, Das Evangelium kommunizieren, 24.
[5] Ebd.
[6] *Koranyi*, Gottesdienste, 7.

erhöhen dabei den Grad der Aufmerksamkeit.»[7] Von daher erstaunt es kaum, wenn sich ein bestimmtes Predigtverständnis in den vergangenen Jahrzehnten immer mehr vom Charakter der öffentlichen Rede hin zur «Unterredung unter Freunden» im Sinn einer Art beziehungsorientierter Homilie entwickelt hat.[8]

Würde nur – so die oftmals unausgesprochene Annahme – die Verbindung zum Leben und zur Situation der Hörenden hergestellt, müsste man um fehlende Aufmerksamkeit nicht länger besorgt sein. Hinter dieser Rezeptionsfrage steht somit auch mindestens unausgesprochen die leise Kritik, dass die Hörenden letztlich erst dazu zu befähigen sind, in angemessener Weise der Predigt folgen zu können, denn es seien wesentlich deren individuellen Verstehensschwierigkeiten, die den Predigtprozess ins Stocken brächten. Fehlende Aufmerksamkeit ist von dort her gesehen ein Problem des Publikums.

Oder fehlt es der Predigtpraxis doch in einem ganz anderen Sinn an Aufmerksamkeit und Attraktivität? Es legt sich jedenfalls noch eine zweite Lesart der oben genannten Frage nahe – der gleichsam *intentional-inhaltliche Aspekt des verkündigten Wortes*: In diesem Fall wird konstatiert, dass die Predigt ihrer Aussageintention und Sache nach selbst längst nicht mehr die erhoffte Aufmerksamkeit ausstrahle. Markiert wird dann nicht das Problem fehlender Hörbereitschaft, sondern eine vom Predigtgeschehen selbst her fehlende Aufmerksamkeit.[9]

Das Grundproblem wird hier weniger in der mangelnden Rezeption gesehen als vielmehr in einer eigentümlich und bedenklich geringen *inhaltlichen Überzeugungskraft und Attraktivität* dessen, was vom Predigenden zur Sprache gebracht werden und zu Gehör kommen soll. Dieser Argumentation nach mangelt es nicht in erster Linie an der rhetorischen Überzeugungskraft des Predigenden, sondern vielmehr an der Bedeutsamkeit des zur Sprache gebrachten Inhaltes. Demzufolge können selbst die besten Vermittlungsmethoden nicht dazu verhelfen, dass die Predigtrede eine substanzielle Bedeutung gewinnt. Ja, es mag sogar sein, dass zwar die äußere Form von wunderbarer rhetorischer Anmut ist und der Predigtakt als besonderes Erlebnis empfunden wird, die inhaltliche Aussagekraft allerdings seltsam dünn bleibt.

So ist durchaus denkbar, dass die vermittelte Botschaft auf den ersten Höreindruck hin erhebliche Faszination auslöst, sich aber dann schon kurze Zeit

---

7 Ebd.
8 Darauf verweist kritisch *Meyer-Blanck*, Homiletische Präsenz, 30.
9 Zum Stichwort einer «klaren Intentionalität» und zum Hinweis, dass auch eine offene Predigtform absichtsvoll, gewollt und strategisch durchzuführen ist, vgl. *Bukowski/Kasparick*, Zum Predigen ausbilden, 25.

später auf eigentümliche Weise geradezu in Luft auflöst. Und – schwer wiegend genug – können sich solche Erfahrungen im Blick auf die inhaltliche Substanz des Ganzen durchaus nicht nur beim Hörenden, sondern eben auch bei der Predigtperson selbst einstellen. Es mag ja vielleicht doch ein Alarmzeichen sein, wenn sich entscheidende Predigtinhalte und Intentionen beim Predigenden selbst schon wenige Tage später mehr oder weniger verflüchtigen.

An dieser Stelle sei angefügt, dass Inhalt und Intention in dieser Studie aus programmatischen Gründen zusammengedacht werden. Natürlich handelt es sich auf den ersten Blick um zwei unterschiedliche Aspekte des Predigens: Der Inhalt ist das eine, die Intention des Predigenden das andere. Beide Aspekte können sich im konkreten Vollzug durchaus sehr unterschiedlich zeigen und entwickeln – insofern macht die Differenzierung Sinn.[10] Die Grundthese dieser Studie ist nun allerdings, dass sich die inhaltliche Dimension der Rede nicht ohne Bezug auf die Grundintention des Predigenden und auch nicht ohne die Intention der ganzen Gemeinde entfalten lässt. Anders gesagt: Die jüngst wieder verstärkt aufgeworfene Frage nach dem «Was» der Predigt im Fragehorizont der materialen Homiletik[11] soll in dieser Studie in engem Zusammenhang mit den daran beteiligten Akteurinnen und Akteuren, deren Absichten, Erfahrungen und eigenen Motivlagen und Überzeugungen entwickelt werden.

Welche Folgerungen sind nun aus dieser doppelten Annäherung an die mögliche fehlende Aufmerksamkeit zu ziehen?

Natürlich sind nun Rezeption und inhaltliche Intention bekanntermaßen schwerlich voneinander zu trennen. Im Guten wie im Schlechten wirken beide Dimensionen wechselseitig aufeinander. Eine die Hörerschaft ernst nehmende Verkündigungspraxis wird in jedem Fall die inhaltliche Dimension stark beeinflussen. Umgekehrt wird eine kernleere Predigt schwerlich die Situation der Hörenden hilfreich deuten können. Die homiletischen Reflexionen der vergangenen Jahrzehnte arbeiten sich intensiv gerade daran ab, beide Fragedimensionen in ihrer engen Verbindung zueinander zu bearbeiten und wechselseitig fruchtbar zu machen. Insofern verbieten sich von vornherein alle Versuche einer einseitigen Polarisierung, sei es zugunsten der rezeptiven, sei es zugunsten der inhaltlich-intentionalen Dimension. In dieser Studie wird gleichwohl eine Gewichtung angestrebt, die sich auf die Frage von Inhalt und

---

10 So in rhetorischer Perspektive *Knape*, Rhetorik und Predigt, 43.
11 Vgl. etwa exemplarisch *Roth*, Schuld, Scheitern, Irrtum.

Intentionalität als Grundbedingung und Grundgestalt homiletischer Aufmerk-samkeits-Kunst konzentriert.

2.2 Zielsetzungen

Gegenwärtig erscheint aus wissenschaftlichem wie kirchlichem Blickwinkel kaum etwas notwendiger als eine glaubwürdige Praxis theologischer Lebens- und Religionsdeutung. Nicht zuletzt die verschiedenen Untersuchungen zur Kirchenmitgliedschaft verweisen bei allen Veränderungen durch die vergan-genen Jahrzehnte hindurch auf das Bedürfnis nach inhaltlicher Qualität und konkreter, lebenspraktischer Orientierung durch das Predigtgeschehen. Dem-gegenüber sind die Erwartungen an alle Formen theologischer Belehrung deutlich schwächer ausgeprägt. Tatsächlich zeigen etwa die aktuellen Diskus-sionen sowohl über die öffentliche Bedeutung von Theologie wie auch über die Zukunft der Kirche, dass theologische Begründungsarbeit nicht nur per-manent notwendig, sondern auch wieder in neuem Sinn gefragt ist. Es geht, kurz gefasst, um eine sachlich grundierte Auskunftsfähigkeit wissenschaftli-cher und kirchlicher Praxis, in der deren genuin theologische Bezüge nach-vollziehbar zur Sprache gebracht werden.

Dieser Anforderung einer im wahrsten Sinn des Wortes glaubwürdigen Deutungspraxis menschlicher Lebensfragen und Lebensvollzüge kann sich auch die Predigtpraxis und homiletische Reflexion schlechterdings nicht entziehen[12]: «Hörer wollen inhaltlich gefordert werden und sie sind [...] in der Lage, aufmerksam einer Predigt zu folgen.»[13] Aber offenkundig ist die Problematik bis in die Kerngemeinde hinein immer noch ungelöst, so dass die Kirche dazu aufgerufen bleibt, «der Predigt nach wie vor erhöhte Auf-merksamkeit zu widmen»[14] bzw. «die Praxis des sonntäglichen Predigens in den Gemeinden zum Gegenstand erhöhter Aufmerksamkeit zu machen.»[15]

Die entscheidende Herausforderung besteht somit in der Frage, wie auf theologisch substanzielle Weise in den gegenwärtigen Verhältnissen überzeu-gend von der evangelischen Botschaft gesprochen werden kann. Allerdings ist hier sogleich einschränkend zu sagen, dass «substanziell» nicht als Attri-but einer gleichsam unverrückbar feststehenden, gar metaphysischen Wahr-heit zu verstehen ist, die es nur noch in eine möglichst attraktive Redeform zu gießen gälte. Sondern angesprochen ist hier die Herausforderung, zu einer je sachbezogenen Deutung der jeweiligen theologischen Frage zu gelangen. Um

---

[12] Vgl. dazu aktuell *Gräb*, Predigtlehre.
[13] *Schwier*, Plädoyer, 141.
[14] *Lange*, Zur Theorie und Praxis der Predigtarbeit, 16.
[15] A. a. O., 19.

es einmal in die keineswegs schon ganz ausgelotete Begriffsform zu bringen: Der aktuell wieder intensiv eingeforderte Anspruch einer «Kommunikation des Evangeliums»[16] bringt auch in homiletischer Hinsicht eine ganze Reihe von substanziellen Herausforderungen bei gleichzeitig noch ungeklärten Problemkonstellationen mit sich.

In dieser Studie soll die These vertreten werden, dass das inhaltliche Deutungspotenzial des Predigtgeschehens und die Aussagekraft der evangelischen Botschaft nur dann zum Vorschein kommen und wahrgenommen werden kann, wenn diese in einer aufmerksamkeitsorientierten Weise in das Zentrum gerückt wird.

Für diese homiletische Entfaltung wird dabei von «Aufmerksamkeit» als von einem phänomenologisch relevanten Grundbegriff der Beschreibung komplexer individueller und sozialer Erfahrungen und Orientierung nach Sinn ausgegangen: «Aufmerksamkeit» hat ihren Ort «in dem Spannungsbogen, der von dem, was uns widerfährt und anspricht, hinüberführt zu dem, was wir zur Antwort geben.»[17]

In der Rede von Aufmerksamkeit manifestiert sich in grundlegender Weise eine Haltung der Selbst- und Weltwahrnehmung des Individuums, in der dieses sein Leben in seinen unterschiedlichen Facetten nicht nur deutet, sondern in der sich dem einzelnen Menschen Neues und Überraschendes als Möglichkeit erschließt, die über die jeweiligen bisherigen Erfahrungen hinausgeht. Was es zu sehen, zu sagen, was zu denken und zu tun gibt, ist nicht zuletzt Widerfahrnis. Hier kommt etwas zum Ausdruck, «was unserer Initiative zuvorkommt und sie hervorruft.»[18] Aufmerksamkeit tritt in diesem Sinn in zweifacher, miteinander verbundener Gestalt auf: «Einerseits bewegen wir uns im Bannkreis einer Aufmerksamkeit, die uns fesselt, verzaubert, verhext, andererseits kommt es zu einer Weckung der Aufmerksamkeit, die uns auf uns selbst zurückwirft und uns eine Erwiderung abverlangt.»[19]

In der vorliegenden Studie wird davon ausgegangen, dass sich dieser Erschließungsvorgang von Selbst und Welt als komplexe Aufmerksamkeitserfahrung in einer theologischen Weise verstehen lässt. Das «Woher» der Aufmerksamkeit und die individuelle Antwort darauf kann sowohl auf den Anrede-Charakter göttlicher Gegenwart hin durchdacht werden wie auch auf die menschliche Suche nach dem, was einen unbedingt anzugehen ver-

---

[16] Vgl. jüngst *Grethlein*, Praktische Theologie.
[17] *Waldenfels*, Phänomenologie, 9.
[18] A. a. O., 227.
[19] A. a. O., 269.

spricht.[20] Die oben angesprochenen Dimensionen von Intention und Rezeption finden somit im Begriff der Aufmerksamkeit einen wesentlichen gemeinsamen und wechselseitigen Anknüpfungspunkt.

Allerdings sei trotz aller Anknüpfung an die phänomenologische Erörterung des Aufmerksamkeitsgeschehens durchaus die Position vertreten, dass eine «Theologisierung» sehr wohl der Erfahrung «ins Wort fallen darf.»[21] Erst von einer näheren Betrachtung und Bearbeitung der theologischen Dimension aus lässt sich die Frage nach dem medialen Charakter der Predigt und ihrer Intention und Rezeption homiletisch näher in Augenschein nehmen.

Was stellt nun den Aufmerksamkeit erzeugenden und beanspruchenden theologischen Kern gegenwärtigen Predigtgeschäfts dar? Nach reformatorischer Überzeugung ist die Wortverkündigung das zentrale Ereignis in der versammelten Gemeinschaft der Glaubenden. Hier findet die Kommunikation des Evangeliums ihren verlässlichen institutionellen Grund.[22] Durch den kreativen Akt des Predigens wird das protestantische Selbstverständnis deutlich, Religion nicht ohne vernünftige und gemeinsam nachvollziehbare Wortauslegung denken und leben zu können. Die Predigt hat es folglich primär und vor allem aufgrund ihres theologischen Anspruchs und dessen potenzieller Deutungskraft verdient, von allen am Wortgeschehen beteiligten Akteuren unbedingt ernst genommen zu werden. Mit einer positiv erlebten Praxis unter Hörenden wie Predigenden kann kirchliches Handeln diese Wortkultur zudem als eines ihrer wesentlichen Markenzeichen stärken, ohne damit auf dem Terrain medialer Erregungs- und betriebswirtschaftlicher Effektivierungsstrategien zu wildern.

Dafür ist es aber notwendig, dem sachlichen Bedeutungsgehalt der Predigt und des Predigens wieder erhöhte Aufmerksamkeit zu widmen – und dies sowohl in der homiletischen Theoriebildung wie in der pastoralen Praxis selbst. Mit dieser Herausforderung umzugehen, bedarf dann aber nicht in erster Linie der Ausarbeitung möglichst wirkmächtiger rhetorischer Stilmittel und eingängig-passgenauer Übermittlungswege. Sondern gefragt ist sehr viel mehr bzw. sogar ganz anderes: Eine theologisch grundierte Aufmerksamkeit für das Leben des Menschen *coram Deo*, *coram mundo* und *inter homines*. Wenn Predigende und Hörende im Predigtgeschehen Entdeckungen in dieser dreifachen Perspektive machen können, die ihr Leben selbst elementar betreffen, gewinnt das zu Gehör Kommende selbst faszinierende Gestalt.

---

20 Vgl. zu dieser einschlägig vertrauten Begrifflichkeit P. Tillichs auch *Waldenfels*, Phänomenologie, etwa 71.221.
21 Vgl. a. a. O., 269.
22 Vgl. dazu *Rössler*, Beispiel und Erfahrung sowie *Körtner*, Gestalten des Wortes.

Eine solche Feststellung und Forderung mag erstaunlich und beinahe überflüssig erscheinen, da doch die Kanzelrede nach wie vor einen wesentlichen Kern des evangelischen Gottesdienstverständnisses und -geschehens ausmacht. Trotz aller anfangs genannten Problemlagen ist zu sagen, dass im Bewusstsein von Pfarrerinnen und Pfarrer sowie von Gemeindemitgliedern und auch Kirchenleitungen das Predigen nach wie vor eine der selbstverständlichen Berufsaufgaben darstellt, die sich unmittelbar mit dem Amts- und Ordinationsverständnis verbindet.[23]

An einer subjektiv als gelungen empfundenen Predigtpraxis werden die Sinnhaftigkeit des pastoralen Berufs wie auch die Kompetenz der einzelnen Pfarrpersonen wesentlich bemessen. Auch im kollektiven Bewusstsein ist das Pfarramt immer noch wesentlich mit seiner Verkündigungsaufgabe verbunden. In schicksalshaften Momenten herrscht hier nach wie vor ein besonders großes Bedürfnis. Selbst bei den Skeptikern des christlichen Glaubens ist dann sensible Offenheit für ein angemessenes, die Situation deutendes und vielleicht sogar erklärendes Kanzelwort vorhanden. Diesem Wortereignis kann selbst von fernster Seite immer noch erheblicher Vertrauensvorschuss zuwachsen, wenn hier auf eine Orientierung gehofft wird, in der Unfassbares in Sprache gefasst und der Sprachlosigkeit Ausdruck gegeben wird.

Im Predigtgeschehen kommt vieles auf den Prüfstand. Dabei sind sich Predigende der Verantwortung und Verheißung, aber auch der Gefahren und Grenzen ihrer Kanzelrede durchaus bewusst. Gelungene wie misslungene Kanzelrede ist von erheblicher Nachhaltigkeit – sei es, dass sie für lebenswichtige Orientierung und Prägung sorgt, sei es, dass sie verstörende Irritationen und lang anhaltende Verletzungen erzeugt. Brennpunktartig können in diesem Geschehen wesentliche Aspekte des Lebens zum Ausdruck gebracht werden bzw. zum Vorschein kommen. In der Hörergemeinde vermag sich sogar ein dem Protestanten sonst eher fremder heiliger Schauer zu ereignen, wenn durch das Wort das Entscheidende auf den hörbaren Punkt gebracht wird. Redende wie Hörende bleiben der Sache der Predigt gegenüber dann kaum unbeteiligt.

So fließt in die Predigtvorbereitung, Predigtdurchführung und gegebenenfalls auch in die Rückmeldungskultur oftmals viel Herzblut ein. Und nicht selten verbindet sich dieses wechselseitige Geschehen ausgesprochen oder unausgesprochen mit der wirkmächtigen Frage pastoraler und persönlicher Identität überhaupt. Der in dieser Praxis zur Geltung gebrachte Anspruch ist, dass durch theologische Predigtrede etwas gesagt werden kann, was so durch keine andere Art und Form öffentlichen Redens zu vermitteln ist. Dieser

---

23 Vgl. *Hassiepen/Herms* (Hg.), Grundlagen.

Anspruch hat seinen theologischen Grund einerseits in der Überzeugung, dass im Predigtgeschehen die Rede von Gott selbst genuine Ausdrucksgestalt gewinnt. Andererseits ist dieser Anspruch auf existenzielle Weise mit dem Selbstverständnis der Predigenden verknüpft. Predigtpraxis kann schon ihrer Grundidee nach niemanden unbeteiligt oder außen vor lassen.

An vielen Orten und zu den unterschiedlichsten Gelegenheiten ist somit immer noch eine höchst intensive und lebendige Verkündigungspraxis zu konstatieren. Predigenden ist sehr wohl bewusst, dass sie in bestimmten heiklen Fragen ihre Worte gut abwägen müssen, da ansonsten mit massiven Verletzungen zu rechnen ist. Predigten können gar immer noch zum Gesprächsstoff werden, wenn in diesen Entscheidendes auf den Punkt gebracht wird. Wer predigt, kann nicht nur Aufmerksamkeit für sich beanspruchen, sondern übt mindestens für die Zeit der Rede auch erhebliche Macht auf die Zuhörenden aus. Es ist ganz offenkundig nicht so, dass sich das Predigen als rhetorische Form überlebt hätte oder gar ein Auslaufmodell darstellen würde.

Aber nun stehen diese anspruchsvollen und wohlwollenden Charakterisierungen in einer Spannung zu konkreten Aufmerksamkeitsschwierigkeiten und -herausforderungen, die bisher nur angedeutet wurden, von denen im Folgenden aber nun ausführlicher die Rede sein soll.

3. Spannungsreiche Aufmerksamkeitserfahrungen

Wenn es der Predigt an Aufmerksamkeit mangeln sollte, von wem ist überhaupt die Rede? Die anfangs gestellten Fragen und angedeuteten Vermutungen bedürfen einer genaueren Besinnung, wenn man nicht in bloßen Klischees enden will.

Von einem womöglich sogar kollektiv getragenen, gemeinsamen Verständnis der Predigtbedeutung kann für die Gegenwart offenbar ebenso wenig gesprochen werden wie durch die vergangenen Zeiten hindurch. Die Annäherung an gegenwärtige Wahrnehmungen und Chancen des Predigens macht folglich eine Reihe von Näherbestimmungen und Ausdifferenzierungen hinsichtlich der Akteure und Kontexte unbedingt notwendig. Mit welchen Spannungen von Aufmerksamkeit für dieses gottesdienstliche Geschehen kann eigentlich gerechnet werden?

Im Folgenden sollen die genannten Fragen so aufgenommen werden, dass jeweils knappe Analysen zu einzelnen Akteuren und Kontexten angestellt werden, diese aber am jeweiligen Abschnittsende mit einigen weiterführenden Überlegungen verbunden werden, um damit die spannungsvolle und komplexe Aufgabe einer aufmerksamkeitsorientierten Rede von Beginn an von ihren Bedingungen her vor Augen zu haben.

3.1 In der medialen Öffentlichkeit

Der Blick auf die mediale Öffentlichkeit kann aufgrund deren komplexer Erscheinungsvielfalt nur exemplarisch erfolgen. Ohne Gefahr laufen zu wollen, allzu sehr zu verkürzen, kann beispielsweise beim Blick auf thematisch einschlägiges Film- und Fernsehschaffen konstatiert werden, dass mindestens in der medialen Öffentlichkeit immer noch schematische, oftmals moralinsaure Vorstellungen über die Predigt und den Prediger verbreitet werden. In entsprechenden Filmen erhält das Wort von der Kanzel einen anklagenden oder brandmarkenden Charakter und die meist männliche Pfarrperson wird als nicht selten selbst bigotter Vertreter von Tradition und Gesetz zur Aufführung gebracht.[1] Das Kanzelwort wird dabei oftmals als längst überholter Versuch dargestellt, die Gemeinde nochmals zur Raison zu rufen. Und der gesamte Predigtkontext erscheint gegenüber den dynamisch-bunten Geschehnissen außerhalb der Kirche ohnehin als ein bestenfalls blasser Unort.

---

[1] Vgl. zum Zusammenhang *Lyden*, The Routledge Companion; *Mazur*, Encyclopedia.

Das klammheimliche Signal solcher Darstellungen liegt ganz offenkundig darin, dass sich eine aufmerksame Haltung von Seiten der hörenden Öffentlichkeit in inhaltlicher Hinsicht nicht lohnt, weil alle wesentlichen Lebensbelange außerhalb stattfinden und dort selbstkompetent behandelt werden. Solche Darstellungen haben vermutlich erheblichen metaphorischen Charakter: Sie zeigen, dass sich die breite Öffentlichkeit ihre Orientierung längst von anderer Seite her holt.

Nun spielen solche Formen medialer Öffentlichkeit natürlich oftmals selbst in ironischer Weise mit den traditionellen Formen der Kanzelrede und sind folglich nur eine Facette öffentlicher medialer Wahrnehmung. Denn demgegenüber sind nach wie vor auch «reale Gottesdienste» in unterschiedlichster medialer Form präsent. Das Wort zum Sonntag und die Radiopredigt haben immer noch ihren ganz eigenen Ort und ihre vertraute und aufmerksame Rezipienten-Schar.[2] Die Aufmerksamkeit in der medialen und alltäglichen Öffentlichkeit etwa für die Radiokurzandachten und auch Fernsehpredigten sollte nicht geringgeschätzt werden. Und dass sich auch ein säkulares Printmedium wie die ZEIT dezidiert für die Bedingungen und Notwendigkeiten zeitgemäßen und attraktiven Predigens interessiert, erscheint durchaus beachtenswert.[3]

Zudem wird etwa von besonderen Gottesdiensten im Umfeld dramatischer öffentlicher Geschehnisse oder auch der kirchlichen Feiertage teilweise sogar bis in die Nachrichtensendungen hinein berichtet und zitiert. Dies könnten allerdings angesichts der immer noch stark vertretenen kirchlichen Rundfunkräte auch eher ritualhafte Pflichtübungen der Nachrichtenredaktionen sein. In diesem Fall sind es nicht die Inhalte – etwa die Mahnungen zum Frieden, zu mehr Gerechtigkeit oder zur Achtung von Menschenwürde – die Aufmerksamkeit erregen, sondern deren medientaugliche Inszenierung in tendenziell ohnehin nachrichtenärmeren Zeiten.

Ausnahmen von dieser medialen Routine bilden dann wohl nur die sattsam bekannten Fälle, in denen kirchliches Personal evangelischer Provenienz wider den Stachel löckt, was dann insbesondere bei politischen Äußerungen verstärkt wahrgenommen wird. So wird notiert, dass eine Neujahrspredigt mit dem «Nichts ist gut in Afghanistan» erhebliche «öffentliche Aufmerksamkeit und Widerspruch»[4] erfahren hat, was zu Recht die Frage aufwirft:

2 Vgl. aktuell *Panzer*, Glauben ins Gespräch bringen.
3 *Halfwassen*, Heraus aus der Jesuskurve.
4 *Fleischhauer*, Käßmanns kleine Geschichtsstunde.

«Warum wird den Afghanistan-Thesen der streitbaren Bischöfin so viel Aufmerksamkeit zuteil? Eigentlich hat sie nichts Revolutionäres verkündet.»[5] Offenbar hat unter bestimmten Umständen das öffentliche pastorale Wort nach wie vor medial gesehen Überlieferungsgewicht. Oder erfüllt sich hier vielleicht nur die öffentlich breit vorhandene Sehnsucht nach Skandalen, die medial entsprechend befeuert wird?[6] Dann müsste von einer möglicherweise nur sehr kurzzeitigen Aufmerksamkeitserregung durch einen bestimmten Medienhype die Rede sein, der sehr schnell nach dem Ereignis auch wieder abebben kann.

Wie auch immer: Medial bekannte Predigerinnen und Prediger haben nach wie vor erheblichen Zulauf. Offenbar verbinden sich mit solchen Personen Erfahrungen oder Erwartungen hinsichtlich besonderer Predigten – vielleicht aber auch, weil man sich selbst dabei wenigstens für einen Moment die mediale Öffentlichkeit ins Haus holt. Aber möglicherweise besteht dann die Attraktivität solcher Begegnungen primär in der sichtbaren Erscheinung und nicht in der Erwartung eines besonderen orientierenden Wortgeschehens – in diesem Fall unterliegen die medial bekannten Predigtpersonen selbst den Zumutungen der von ihnen attraktiv in Szene gesetzten Bildpräsenz.

Angesichts der sich ausbreitenden medialen Partizipationsformen stellt sich jedenfalls grundsätzlich die Frage, woher solche einseitigen Kommunikationsakte, die gleichsam «von oben herab» auf aufmerksames Hören abzielen, ihre Legitimation beziehen können. Wird eine solche Form der öffentlichen Rede überhaupt noch eine Zukunft haben können?

Hier zeigt sich, dass die Aufmerksamkeitserzeugung in der gegenwärtigen Mediengesellschaft überhaupt einen schweren Stand hat – erst recht dann, wenn auf die Kraft des besseren Arguments und auf die Überzeugungsstärke einer stringenten Argumentation gesetzt wird. Zudem muss gefragt werden, ob – um einmal eine Formulierung aus anderen medialen Kontexten aufzunehmen – «das gesprochene Wort» wirklich noch gilt oder nicht vielmehr alles Akustische in der Bilderflut untergeht? Welche Spannungen erzeugen eigentlich die durch sichtbare digitale Wortpräsentationen in der Art von Powerpoint veränderten Seh- und Hörgewohnheiten für die Predigtaufgabe und buchstäblich jedes einzelne Wort? Die mindestens in Freikirchen inzwischen längst zum Usus gewordene Parallelvisualisierung des gesprochenen Wortes verweist hier auf eine grundlegende Herausforderung, die den traditionellen Predigtkulturen längst noch nicht in aller Deutlichkeit vor Augen steht.

---

5   *Hoß*, Pazifistin unter Beschuss.
6   Vgl. *Imhof*, Die Krise der Öffentlichkeit.

Für all dies sollte aber nicht in die übliche Generalklage eingestimmt werden, wonach die medial vermittelten Botschaften eindimensionaler und die Möglichkeiten, anspruchsvolle Botschaften ins Gespräch zu bringen, schwieriger würden. Man sollte den digitalen Kommunikationsformen hier keinesfalls mangelnde Komplexität unterstellen. Vielmehr ist auch dort von erheblicher Vielfalt, Dynamik und substanziellem Gehalt auszugehen, wovon auch für die Predigtpraxis durchaus zu lernen ist. Dass die protestantische Kirche hier lernwillig ist, zeigt sich an einer jüngsten Entwicklung: Das Zentrum für Predigtkultur der EKD bietet nun sogar Kurse für leitende kirchliche Repräsentanten der Kirche an. In diesen soll gelernt werden, in Ansprachen und Predigten so zu reden, dass die Öffentlichkeit aufmerkt und ihre Aussagen den Redaktionen zitierwürdig erscheinen. Es besteht also noch Hoffnung.

Zugleich aber liegt eine der wesentlichen Herausforderungen aufmerksamer Predigtpraxis zukünftig darin, sich überhaupt von den täglich verbreiteten Irrationalismen und Rationalismen gepflegt und erkennbar zu unterscheiden: Der Hinweis auf Schleiermacher sei hier erlaubt, wenn dieser mit gewissem Weltschmerz konstatiert: «Mit Schmerzen sehe ich es täglich wie die Wut des Verstehens den Sinn gar nicht aufkommen läßt, und wie Alles sich vereinigt den Menschen an das Endliche und an einen sehr kleinen Punkt desselben zu befestigen, damit das Unendliche ihm so weit als möglich aus den Augen gerückt werde.»[7]

3.2 Bei den Hörenden

Eine spannungsvolle und komplexe Aufmerksamkeitssituation ist auch auf Seiten der Hörenden selbst vorauszusetzen. Die Grundfragen nach der Wahrnehmung des gesprochenen Wortes lauten hier in Fortführung des vorherigen Abschnitts: Wie wird heute überhaupt gehört und «verstanden», wenn nicht visualisiert wird? Was wird behalten und mitgenommen?

Allerdings ist diesen Fragen noch eine grundsätzliche anthropologische Bemerkung vorzuschalten, denn jegliche Aufmerksamkeitsbereitschaft dürfte sehr erheblich mit Bedingungen und Bedürfnissen zu tun haben, die weit über individuelle Willensakte hinausgehen. Hier wird in einer interessanten und durchaus auch ideologiekritischen Perspektive konstatiert, dass Menschen auf kaum etwas so stark reagieren wie auf mangelnde Aufmerksamkeit: «Wir halten es einfach nicht aus, keine Rolle im Seelenleben anderer zu spielen. [...] Und sie [die Menschenseele] nimmt bleibenden Schaden, wenn sie kein Mindesteinkommen an Zuwendung bezieht. Der Entzug kann sogar tödlich

---

7   *Schleiermacher*, Reden über die Religion, 96f.

sein.»[8] Diese anthropologische Grundannahme wird auch für das Verhalten anderer gegenüber in Anschlag gebracht: «Nichts und niemandem huldigen die Menschen mit solcher Hingabe wie ihrer Anziehungskraft auf fremde Aufmerksamkeit.»[9] Dabei bildet sich in den ökonomischen gesellschaftlichen und medialen Wirklichkeiten möglicherweise sogar ein «Kampf um Zuwendung»[10] ab. Offenkundig, um es noch kulturkritischer zu wenden, sind solche Ausdrucksformen individueller Aufmerksamkeitserregung von Eitelkeit und Narzissmus nicht weit entfernt – ganz zu schweigen davon, dass dagegen dann kein Kraut gewachsen ist: «Alles Predigen wider die Gefallsucht, alles Wettern gegen die Eitelkeit blieb vergebens. Die Eitelkeit hat all die höheren Werte, in deren Namen sie verdammt wurde, glänzend überlebt.»[11] Diese Bemerkungen können in durchaus kritischer Absicht nun auch für die weitere Erörterung mitgeführt werden. Es ist insofern tatsächlich zu fragen, ob sie nicht jede individuelle Predigtrezeption – und möglicherweise auch jede Predigtintention! – mehr oder weniger stark mitbegleiten und mitbedingen.

Im Blick auf die Predigtwahrnehmung der Hörenden ist es nun schlechterdings nicht möglich, eindeutige Aussagen über deren faktische Aufmerksamkeitspotenziale sowie die damit verbundenen Rezeptionsweisen zu treffen. Vielmehr ist von unterschiedlichen Erwartungs- und Erlebenslogiken auszugehen, die dann natürlich auch jede einzelne Predigtrezeption fundamental beeinflussen.[12] Grundsätzlich lassen sich allerdings durchaus unterschiedliche Tiefendimensionen von Aufmerksamkeit erheben:[13] Auszugehen ist von unterschiedlichsten Hörbereitschaften und Hörfähigkeiten je nach Bildung, Vorerfahrungen, Milieuzugehörigkeit, Vertrautheit mit dem Hören von Texten sowie dem Mitvollzug von Argumentationsfiguren überhaupt. Zudem werden Themen, Motive und Geschichten natürlich je nach Prägung und Vorerfahrungen höchst unterschiedlich gehört.

Hinsichtlich konkreter Predigtwahrnehmung ist festzustellen, dass diese bei selteneren Kirchgängern mit stärker vorurteilsbeladenen Erwartungen verbunden ist, auch wenn die Erfahrung des Abgekanzeltwerdens wohl inzwischen mehr ein Klischee darstellt als der Realität entspricht.

Es dürfte hier keine Ausnahme darstellen, dass viele Hörende bestimmte theologische Begrifflichkeiten oder eine entsprechende Sprache zwar als

---

8 *Franck*, Ökonomie der Aufmerksamkeit, 11.
9 Ebd.
10 A. a. O., 242.
11 A. a. O., 11.
12 Vgl. *Pohl-Patalong*, 144ff.215f.
13 Vgl. zu den psychologischen Faktoren der Predigtrezeption jetzt auch *Schaap-Jonker*, Über die Rolle des Hörers.

solche erkennen, diese sich aber unter bestimmten Bedingungen und im konkreten Fall dem Mit- und Nachvollzug entzieht. Dies gilt einerseits, wenn «Betonsprache»[14] gesprochen wird, alles in Adverbial-Homiletik gegossen wird[15] und dann umso mehr, wenn Ziel und Intention des Predigens undeutlich bleiben. Werden unpersönliche Wendungen im Passiv oder verallgemeinernde Formulierungen verwendet, kann es, übrigens auf Seiten aller Beteiligten, zu geradezu dramatischen Konsequenzen kommen – metaphorisch gesprochen: «Das sprechende und hörende Subjekt löst sich auf.»[16]

In diesen Fällen werden die eigenen Lebenserfahrungen nicht mehr von einem bestimmten Predigtinhalt und der damit verbundenen Intention des Predigenden her gedeutet. Wenn sich dies dann sogar bis hin auf den Kernbereich des Religiösen erstreckt, dann wirkt hier der gottesdienstliche Redevollzug kontraproduktiv.

In subtiler Weise können aber auch gerade Formen der freien Predigt, die ja auf persönliche Nähe setzt, genau zum Gegenteil des Intendierten führen. Denn in solchen Fällen «werden die Hörerinnen und Hörer insofern ihrer Freiheit beraubt, als sie mit einer bedrängenden, letztlich autoritären Rhetorik jeden Augenblick des Predigtvollzugs in ihrer Aufmerksamkeit gefesselt werden sollen.»[17]

Zudem kann ein aufmerksames Hören durch ganz andere, überaus plausible Gedankenprozesse überlagert werden, seien es nun Trauer oder Freude angesichts eines konkreten Anlasses, sei es die gedankliche Beschäftigung mit der Organisierung des äußeren Anlasses, sei es die real vorhandene Müdigkeit oder auch einfach die geringe Vertrautheit mit dem Kasus einer solchen frontalen Redesituation.

Die Gewohnheit, dass man der Predigt zuhört oder diese wenigstens nicht erkennbar stört, ist gleichwohl in der Regel bei den Gottesdienstbesuchern nach wie vor vorhanden. Noch braucht es vergleichsweise wenige disziplinarische Maßnahmen, um diese Gepflogenheit zu sichern. Dies schließt allerdings nicht aus, dass Nachlässigkeiten und Fahrlässigkeiten der theologischen Rede mit innerer Distanz oder gar Ignoranz bestraft werden.

Hier sollte man übrigens nicht meinen, in exklusiver Weise in Klage und Jammern ausbrechen zu müssen. Wie bereits oben angedeutet, stellt sich die

---

14 Vgl. *Moser*, Mit Altem Neues schaffen, v. a. 127ff., mit der interessanten und weiter reichenden Bemerkung: «Religiöse Rede wird zur ‹Betonsprache›, wenn ihr zentrales Anliegen darin besteht, die Erwartungen der Kerngemeinde zu befriedigen», a. a. O., 129.

15 Vgl. *Gall/Schwier*, Predigt hören, 239; dazu auch die in ihrer Vielfalt eindrücklich ambivalente und schön-schaurige Liste bei *Haizmann*, Integrierte Homiletik, 235.

16 *Moser*, Mit Altem Neues schaffen, 131.

17 *Deeg/Meyer-Blanck/Stäblein*, Präsent predigen, 16.

Frage nach einer attraktiven und auch nachhaltig bedeutsamen Wort-«Verkündigung» inmitten der pluralen Verhältnisse ebenso für Film- und Theaterschaffende, Literaten, Journalisten oder auch die Werbebranche, ganz zu schweigen von Erziehungs- und Bildungsakteuren.

Auf der anderen Seite ist positiv festzustellen: Selbst wenn wohl nur selten dezidiert wegen der zu erwartenden Predigt ein Gottesdienst aufgesucht wird, scheint es im Blick auf diesen Kasus bei vielen Hörenden einen Vertrauensvorschuss zu geben, demzufolge man von einer Predigt nach wie vor «etwas» erwarten kann.

So ist natürlich immer auch mit Hörenden zu rechnen, die sich genau für diesen Moment ein entscheidendes Wort versprechen, sei es, weil sie sich in einer besonderen biografischen Situation befinden, sei es, weil sie von «ihrer Pfarrerin» oder «ihrem Pfarrer» aufgrund ihrer vorherigen Erfahrungen einfach Besonderes und immer Anregendes erhoffen, sei es, weil ihnen genau der ausgelegte Text aus einem wesentlichen Grund zutiefst vertraut und hochbedeutsam ist.

Bei aller Pluralität der Hörerschaft sowie deren Erfahrungen und Erwartungen ist gleichwohl zu fragen: Rechnen Menschen im Gottesdienst und in der Predigt damit, dass ihnen Aufmerksamkeit entgegengebracht wird, rechnen sie überhaupt mit individuell bedeutsamer Anrede, gar mit einer über alle Informationen hinausgehenden Transformation?[18]

Oder haben sie diese Hoffnung aufgrund eigener Erfahrungen an diesem Ort längst aufgegeben und bescheiden sich mit der Rolle des mehr oder weniger unbeteiligten Beobachtenden des Gesamtgeschehens samt seines Wortverkündigungsteiles? Wie auch immer nun sich die einzelne Hörer- und Hörsituation darstellt: Es ist fest davon auszugehen, dass «unter der Kanzel» lauter Sonderfälle sitzen und hochgradig ausdifferenzierte Hörerwartungen und Hörerlebnisse miteinander versammelt sind.

Und so stellt sich hier die Frage, wie und wodurch Menschen heute noch in einem gemeinsamen Akt des Hörens und Predigtgeschehens Aufmerksamkeit für das aufbringen können und wollen, was ihnen *der Sache nach* nahe zu bringen versucht wird. Wie geht man angesichts des Anspruchs auf eine nachhaltige Prägekraft des Predigens mit dem pluralen «Hör»-Vermögen, aber auch den faktischen Individualitäten und selbst den Begrenztheiten postmoderner Wort-Rezipienten um?

---

[18] So die von B. Latour stark gemachte Charakterisierung der religiösen Rede gegenüber wissenschaftlicher Information, vgl. *Latour*, Jubilieren, 142, vgl. auch *Josuttis*, In die Gottesgegenwart führen, 87.

3.3 Im kirchlichen Handeln

Nach den zu beachtenden Aufmerksamkeitsbedingungen und Aufnahmefä-
higkeiten ist auch im Zusammenhang des kirchlichen Handelns in seinem
weiteren Kontext zu fragen. Auch hier zeigen sich unterschiedliche, komplexe und durchaus disparate Phänomene:

So scheint sich in der Planung, Bewerbung und Durchführung von Gottesdiensten oftmals selbst eine neue Art der Aufmerksamkeitserregung breit
zu machen. Hinsichtlich einzelner Gottesdienstvollzüge ist die Orientierung
an eventkulturellen Präsentationsweisen deutlich bemerkbar. Zu beobachten
ist eine Art fluider Geschehensvollzüge, in denen allgemeinreligiöse Versatz-
stücke ohne erkennbaren Bezug zur Tradition des jeweiligen Ortes und ohne
erkennbar protestantische Fundierung zur Vorstellung gebracht werden.

Offenbar meinen die Akteure in solchen Fällen, dass jene Formen von
Religionsinszenierung im wahrsten Sinn des Wortes schon für sich sprächen.
Dann aber ist mindestens zu fragen, ob nicht der Wortteil in solchen Fällen in
einer Art Anschaulichkeitsfuror unterzugehen droht. Auch mit dem Versuch,
den gleichsam alltagssprachlichen Wortgebrauch im gottesdienstlichen Geschehen zu duplizieren, werden die Anforderungen an einen theologisch
verantworteten Sprachgebrauch allzu schnell und leichtfertig überspielt.

Von einer ganz anderen Seite her sind auch solche Inszenierungen zu erleben, die um jeden Preis Aufmerksamkeit zu erzeugen gedenken, etwa indem sie sich mit Hilfe von jugendkulturellen Signalsetzungen möglichst
marktgängig zu machen und in Form und Farbe gleichsam die Welt ins eigene Haus zu holen bestrebt sind. Bestimmte Formen von Film- und Fussball-
leinwandgottesdiensten wandeln hier manchmal eigenartig auf der Grenze
des guten Geschmacks. Zwar sind bestimmte überspannte Aufmerksamkeits-
erzeugungen mit den entsprechenden Vereinfachungen in der Regel eher in
freikirchlichen Kreisen zu konstatieren. Aber auch im volkskirchlichen Bereich muss gelegentlich mit Plattitüden und Infantilitäten solcher Art gerechnet werden.

Als ein problematischer und durchaus verzweifelter Anbiederungsversuch
erscheint im Übrigen, wenn komplexe Rede grundsätzlich durch vermeintlich
leichter zugängliche Bilder und Vorstellungen ersetzt wird – so als ob die Tu-
gend von Anschaulichkeit und Verständlichkeit auf dem Wahrnehmungslevel
von Kindern angesiedelt sein müsste. In diesen Fällen wird der Eindruck des
vermeintlich schnell Griffigen und relativ mühelos Vermittelbaren oder gar
unmittelbar Einleuchtenden erzeugt, ohne dass dem Ganzen noch der notwendige Tiefgang zu Eigen ist.

Gefährliche Routinen entstehen zudem, wenn sich Predigtpersonen selbst
zu den Animateuren des Anlasses machen, um so vermeintlich besonders

marktgängig zu erscheinen. Einzelne Berichte über Gottesdienste und das damit verbundene Predigtgeschehen zeigen deutlich die daraus entstehenden Irritationen: Aus lauter Furcht, die Kirchen könnten verkrusteter Formen verdächtigt werden und leer bleiben, verlegt man sich dann aufs Entertainment: Dann aber neutralisiert die «Anpassung an das Geläufige [...] den Gegenton zum Geräusch der Welt.»[19] Problematisch ist es, wenn – wie gelegentlich zu beobachten – in vorauseilendem Gehorsam auf die Predigt überhaupt verzichtet wird. Im Zusammenhang von Kasualgottesdiensten, von denen noch näher die Rede sein wird, ist zu konstatieren, dass die Pfarrpersonen der Versuchung, es der Kasualgemeinde möglichst leicht zu machen, allzuhäufig unterliegen. So etwa, wenn in einem Gottesdienst mit Taufen die Taufansprache zum eigentlichen und gar zum einzigen Predigtmoment wird.

Vielleicht ist es deshalb nicht ganz zufällig, dass sich in jüngster Zeit in immer mehr Kirchengemeinden Angebote einer tendenziell wortarmen und dafür ausdrucksstarken geistlichen Begleitung als attraktiv erweisen. Möglicherweise wird mit dem Repertoire an spiritualitätsorientierten Angeboten auch zunehmend auf solche Schwierigkeiten einer attraktiven Predigtrede angesichts postmoderner Wahrnehmungsgewohnheiten reagiert.[20]

Demgegenüber tut eine reformatorische Wortkultur gut daran, an dieser Form des Ringens um Aufmerksamkeit im Sinn des klaren Blicks auf die Komplexitäten der Wirklichkeit und der biblischen Überlieferung festzuhalten. Dass dies notwendigerweise mit einer nicht sogleich eingängigen Rede verbunden sein kann, gehört zur Sache des Predigens selbst. Eine solche antizyklische Form könnte jedenfalls das entscheidende Element reformatorischer Erkennbarkeit sein, das man im kirchlichen Kontext nicht zu schnell in das Predigtarchiv oder zur Disposition stellen sollte. Damit sei natürlich weder den theologischen *terribles simplificateurs* noch den *terribles complicateurs* das Wort gegeben, wovon nun näher zu reden ist.

3.4 Bei den Predigenden

Über die Predigterfahrungen der Predigenden im Blick auf die Vorbereitung, Zielsetzung und Durchführung ist in empirischer Hinsicht vergleichsweise wenig bekannt.[21] Allerdings kann wohl davon ausgegangen werden, dass das

---

[19] Vgl. *Drehsen*, Religion in den Medien, 79.
[20] Vgl. *Knoblauch*, Populäre Religion.
[21] Vgl. aber etwa die Verweise bei *Bader/Harms/Kunz*, Sonntagsgottesdienste im Zwiespalt.

Phänomen der «Angstlust»[22] eine zutreffende Grundcharakterisierung darstellt.[23]

Für die Predigenden stellt sich jedenfalls die Herausforderung aufmerksamer Kanzelrede in besonders intensiver Weise. Im Einzelfall erzeugt eine kontinuierlich geforderte Praxis und permanente Produktionsnotwendigkeit schwierige Rahmenbedingungen. Der hohe Anspruch und wohl auch manche sonntägliche Routine machen den redenden Akteuren im Einzelfall hörbar zu schaffen. Die Mühen der Vorbereitung spürt man in diesen Fällen der suggerierten Gewichtigkeit der Rede an, die in Wirklichkeit oftmals kaum mehr als schwerfällig ist. Zudem sind oftmals schlichtweg die zeitlichen Aufmerksamkeitsressourcen angesichts der vielfältigen anderen pastoralen Aufgaben knapp. Dann kann es tatsächlich dazu kommen, dass Predigt in Konvention und Erwartbarkeit erstickt und die Individualität der Predigenden ebenso in den Hintergrund tritt wie die herausfordernde Andersartigkeit der Predigtrede im Kontext der vielfältigen Sprachproduktionen unserer Zeit.[24]

Grundsätzlich ist zu fragen, ob die berufliche Pflichterfüllung sich überhaupt mit permanenten und kreativen Neuschöpfungen ansprechender und anspruchsvoller Kanzelrede verträgt. Es ist angesichts mancher Amtsroutine und der äußeren Bedingungen intensiv und kritisch zu bedenken, ob hier im Einzelfall noch genügend Raum und Offenheit für aufmerksame Neuentdeckungen besteht.

Nebenbei bemerkt ist es allerdings befremdlich, wenn inzwischen von manch kirchenleitender Seite die Vorbereitungszeit für die sonntägliche Predigt auf deutlich unter einem halben Tag veranschlagt wird. In der gegenwärtigen Predigtliteratur findet sich neuerdings immer wieder der Hinweis darauf, dass inzwischen eine gängige Praxis des Herunterladens von Internetpredigten besteht. Dies mag nicht zuletzt der Tatsache geschuldet sein, dass Pfarrpersonen eben auch von außen unter erheblichen Zeitdruck gesetzt werden. Nun mögen arbeitsökonomische Gründe dafür sprechen, sich intensiv von anderen Gedanken inspirieren zu lassen und insofern ist ein solcher Gebrauch nicht prinzipiell zu kritisieren. Ob aber der «Zugriff» auf vorgefertigte und von anderer Seite her entwickelte Inhalte wirklich trägt, muss ernstlich bezweifelt werden.

So ist in der Perspektive einer aufmerksamkeitsorientierten Predigtpraxis sehr genau darauf zu achten, ob die übernommenen Inhalte und selbst die

---

[22] *Wagner-Rau*, Immer wieder predigen, 156f.

[23] Vgl. zu den natürlich auch die Predigtressourcen betreffenden Stressfaktoren *Laube* (Hg.), Perspektiven für den Pfarrberuf, 18–81, sowie *v. Heyl*, Zwischen Burnout und spiritueller Erneuerung.

[24] Vgl. *Deeg*, Predigtkultur, 10.

Beispiele mit einer solchen Zielsetzung überhaupt noch vereinbar sind. Und zwar nicht aus plagiatsähnlichen Gründen, sondern weil dadurch das Problem entstehen kann, dass die predigende Person selbst in dem, was sie redet, unter Umständen weder bei den Hörenden noch bei der eigenen Sache ist.

Den Hörer und Beobachter von Predigtanlässen beschleicht überhaupt nicht selten der Eindruck, als ob mancher Prediger in seiner Präsenz nicht nur sehr stark von sich ausgeht, sondern dann auch bei sich selbst bleibt. Für eine solche Haltung ist im Übrigen der gebannte Blick auf ein ausgearbeitetes Manuskript und das wörtliche Ablesen nur einer von mehreren problematischen Belegen. Entsprechende körpersprachliche «Zeichen»-Handlungen lassen wenig Zugewandtheit entdecken und von einer Grundoffenheit der predigenden Person in der konkreten Situation ist dann wenig zu spüren.

Zudem stellt die Spannung zwischen der immer noch erheblichen Investition in die Predigtvorbereitung und dem Gefühl geringer Wirksamkeit sicherlich eine pastorale Grunderfahrung dar, die auch in Hinsicht auf eine aufmerksamkeitsorientierte Rede alles andere als folgenlos ist. Schwierig wird ein kreativ-neuschaffender Akt dann, wenn die predigende Person davon ausgeht, dass sie «ihre Gemeinde» und deren Erfahrungen doch kennt und dieser wenig neue Einsichten zutraut oder auch nicht zumuten will. Eine solche Haltung stellt jedenfalls ein überaus problematisches Vorurteil dar.

Schließlich ergibt sich eine kaum zu überschätzende Aufmerksamkeitsproblematik, wenn auf Seiten der Pfarrperson die eigene Überzeugungskraft vom grundsätzlichen Zweifel an der Wirksamkeit der individuellen pastoralen Praxis überhaupt überlagert oder gar mit der grundsätzlichen Anfrage an die Bedeutsamkeit der eigenen theologischen Existenz verbunden wird. Sollte dann sogar noch behauptet werden, dass Predigen «in nicht zu unterschätzendem Maße [...] Sache des Talents»[25] ist, macht dies die Aufgabe nicht leichter. Wenn sich eine solche Unsicherheit im Blick auf die pastorale Aufgabe mit einer grundsätzlichen Unklarheit über theologische Zielvorstellungen verbindet, dürfte die Predigtrede jedenfalls kaum wesentliche Bedeutung entfalten. Im Umkehrschluss bedeutet dies, dass eine positive Erfahrung bei der Vorbereitung – etwa die Einsicht, dass sich die Mühe um die Auslegung des Textes für die Predigerin und den Prediger selbst lohnt – die Voraussetzung dafür darstellt, dass bei den Hörern Aufmerksamkeit geweckt werden kann und Aussicht auf Gelingen besteht.

Blickt man auf die vorgenommenen Annäherungen an die Bedingungen und Erfahrungen der Predigtpraxis, so führt dies von verschiedener Seite her

---

[25] *Thiele*, Geistliche Beredsamkeit, 35.

die komplexe und herausfordernde Grundaufgabe einer aufmerksamkeitsorientierten Grundperspektive vor Augen.

Es lohnt sich folglich, manche aktuelle Predigtnot, wie sie von regelmäßig Predigenden immer wieder benannt wird, stärker auf ihre Rahmenbedingungen, Möglichkeiten und Potenziale hin zu beleuchten. Dafür soll versucht werden, durch eine Fokussierung auf den Begriff der Aufmerksamkeit gerade das theologische Profil evangelischer Kanzelrede deutlich schärfer einzustellen.

4. Erste Orientierungen

Der Begriff der Aufmerksamkeit steht im Zentrum dieser homiletischen Studie, weil es sich dabei um eine grundlegende, theologisch deutungsoffene Kategorie für die Erschließung zentraler Lebensfragen handelt. Im Begriff der Aufmerksamkeit finden die offenen Fragen nach der Wahrnehmung des eigenen Lebens und des Wahrgenommen-Werdens der individuellen Existenz ihren wortmächtigen Ausdruck. In der Suche nach Aufmerksamkeit bildet sich die individuelle und kollektive Bedürftigkeit nach Wertschätzung und sinnvoller Existenz ab. Das Bedürfnis und die Erfahrung, dass einem Aufmerksamkeit geschenkt wird und widerfährt, stellt in anthropologischem Sinn ein wesentliches Moment menschlichen Lebens dar.

Aufmerksamkeit und Aufmerksamkeitsbereitschaft lassen sich biblisch gesprochen als bereits jüdisch-christliche Grundtugenden für eine Kultur gelingenden Redens, Hörens und Handelns ansehen. Gott kommt hier selbst als Redender zum Vorschein: Wirksames gottesdienstliches und christliches Handeln lebt von der Aufmerksamkeit auf das wirkende Wort. Und dieses vermag wiederum höchst vielfältige Gestalt anzunehmen und unterschiedlichste legitime Reaktionen hervorzurufen: Es kann intellektuell anregen, emotional berühren und durchaus auch irritieren oder verärgern. Es kann den Hörenden zum Handeln auffordern, die eigene Glaubenssuche befördern und die eigene Gewissheit bestärken oder fundamental durchkreuzen. Davon wird im Folgenden noch ausführlicher die Rede sein. Zuvor jedoch seien einige grundlegende Orientierungen gegeben.

Durch die hier vorgenommene terminologische Konzentration auf den Begriff bzw. das Begriffsfeld der Aufmerksamkeit sei keineswegs für eine neue homiletische Konzeption plädiert. Es geht auch nicht darum, die komplexe homiletische Deutungsgeschichte[1] unterlaufen oder neuere Einsichten rezeptionstheoretischer Homiletik in Frage zu stellen. Vielmehr soll diese Fokussierung vorgenommen werden, um die gegenwärtige homiletische Debatte stärker mit wesentlichen theologischen Sachfragen zu verknüpfen – eben dem, was zu Beginn hilfsweise als Blick auf Inhalt und Intention angesprochen wurde. Insofern will diese inhaltliche Fokussierung auf eine mögli-

---

[1] Vgl. dazu v. a. *Grözinger*, Homiletik, 45–78, und zur neueren Entwicklung *Pohl-Patalong/Muchlinsky*, Predigen im Plural, sowie als systematische Textsammlung *Engemann/Lütze* (Hg.), Grundfragen der Predigt.

che homiletische Grundperspektive aufmerksam machen, die für sehr unterschiedliche homiletische Konzeptionen anschlussfähig sein könnte.[2]

Entfaltet wird folglich ein Predigtverständnis als umfassendes Kommunikationsgeschehen mitmenschlicher Aufmerksamkeit – und dies vor dem Horizont des theologischen Gedankens und der Rede von Gottes Handeln als prinzipiellem und bedingungslosem Aufmerksamkeitsgeschehen. Von diesem Grundgedanken aus kann als Ziel allen Predigens bestimmt werden, dass sich diese Botschaft in besonderer Weise durch die Hörenden und die ganze Gemeinde in ihrem Tiefensinn erschließt. Um wechselseitige Distanzierungs- und Unaufmerksamkeitsphänomene zu vermeiden, muss Raum geschaffen werden, damit sich Aufmerksamkeit bei Redenden *und* Hörenden zum Ausdruck bringen lässt und zum Vorschein kommen kann. Dass dies neben der theologischen Klärung auch ein klares Bewusstsein über die angemessene rhetorische und professionelle Grundhaltung beinhaltet, sei ebenfalls schon an dieser Stelle angedeutet.

Stellt man also den Begriff der Aufmerksamkeit als eine wesentliche und hilfreiche Grundperspektive der Predigtpraxis in das Zentrum homiletischer Reflexion, so führt dies zugleich zu einer Reihe von weiteren dimensionalen Unterscheidungen und Ausdifferenzierungen.

4.1 Theologisch-hermeneutische Dimension

Von «Aufmerksamkeit» in einem systematischen Sinn ist explizit in der gegenwärtigen Predigtliteratur nicht die Rede. Die einstmals dringliche und durchaus berechtigte Forderung, wonach «die Aufgabe der Predigt als einer menschlichen Rede über Gott» nur darin bestehen könne, «Gottes eigenem Wort Aufmerksamkeit, Respekt und sachliches Verständnis zu verschaffen»[3], scheint in der Vielzahl unterschiedlichster Handlungsanleitungen untergegangen zu sein. Hingegen finden sich, wie bereits angedeutet, vielfältige Anregungen, Hinweise und Tipps in der Linie einer rhetorisch machbaren Aufmerksamkeitserzeugung bzw. Aufmerksamkeitserregung. Diese kann, so

---

[2] Die hier vorgelegte homiletische Studie korrespondiert mit wichtigen Ansätzen der vergangenen Jahrzehnte. Hierbei wird durch die einzelnen Teile der Darstellung hindurch immer wieder an gegenwärtige praktisch-theologische Arbeiten zur Frage der «Kommunikation des Evangeliums» angeschlossen, vor allem aber soll der Faden weitergesponnen werden, den Albrecht Grözinger durch seinen homiletischen Grundansatz einer wahrnehmungsorientierten und wahrnehmungsoffenen Homiletik grundgelegt hat, vgl. *Grözinger*, Praktische Theologie, und *ders.*, Homiletik; zudem werden immer wieder Verbindungen zwischen homiletischen Grundfragen und den Einsichten zur öffentlichen Kirche und öffentlichen Theologie hergestellt, vgl. *Schlag*, Öffentliche Kirche.

[3] *Barth*, Menschenwort und Gotteswort, 170.

die dabei mitlaufende These, verstärkt und erzeugt werden, indem man ihr mit Hilfe des geeigneten rhetorischen Repertoires Geltung verschafft. Es hat den Anschein, als ob hier der rhetorischen Technik gefolgt wird, wonach für den Orator alles darauf ankomme, «mit seinen kommunikativen Instrumenten das Interaktions- und Reaktionsrepertoire seines Rezipienten abzurufen»[4]. Dabei wird dann beispielweise schlicht zur Steigerung bestimmter Entertainment-Anteile angeraten. Zum anderen wird für eine Erhöhung von Präsenz plädiert, die neben den liturgischen Möglichkeiten eben auch das Wortgeschehen mit umfassen soll. Damit läuft allerdings manches allzu sehr auf Ratschläge in formaler Hinsicht hinaus.[5]

Homiletische Reflexion bedarf aufgrund ihrer «Nachbarschaft zwischen Glaubenslehre und Predigt»[6] hingegen zuallererst einer theologisch-hermeneutischen Grundperspektive. Es geht um den *Grund* der Rede von unbedingter Aufmerksamkeit. Diese Grundperspektive liegt darin, das Geschehen göttlicher Aufmerksamkeit zum Thema zu machen und es in seinen unterschiedlichen Bedeutungsfacetten zu beleuchten. Die entscheidende Herausforderung ist es, durch eine solche biblisch-theologische Deutung der Wirklichkeit ein Verstehen des Lebens zu ermöglichen und zu befördern, das sich auf dieses Grundgeschehen beziehen kann. Konkret geht es darum, sich im Modus des Erinnerns und Vergegenwärtigens von Gottes aufmerksamer Präsenz – auch in aller Verborgenheit – hoffnungsvoll der eigenen Existenz zu vergewissern. Diese Bezugnahme auf die Überlieferung von Gottes Geschichte mit den Menschen ist für jede Predigttheorie wie für die Predigtpraxis zentral.

Die besondere Chance des Predigens liegt hierbei darin, dass das Grundgeschehen göttlicher Aufmerksamkeit immer wieder in je konkreten Lebenssituationen neu zum Thema gemacht wird und so in seiner tieferen Bedeutung entdeckt werden kann. Die unterschiedlichsten menschlichen Lebenserfahrungen lassen sich von der Grundfrage her durchbuchstabieren, ob die Rede von Gottes Aufmerksamkeit jeweils Sinn ergeben könnte. Damit gewinnen etwa biblische Geschichten, in denen die Rede von Gottes Aufmerksamkeit manifest wird, lebenserschließenden Sinn.

Die nähere Bedeutung dieses Grundgeschehens ist damit aber nicht von vornherein vorgegeben, sondern konstituiert sich immer erst am Ort des Individuums und seiner wechselseitigen Kommunikation. Das Predigtgeschehen

---

[4] *Knape*, Was ist Rhetorik?, 57.
[5] Vgl. demgegenüber die professionell reflektierte Einübungspraxis bei *Kabel*, Übungsbuch Liturgische Präsenz, v.a. 13f.
[6] *Müller*, Homiletik, 173.

kann vor diesem Horizont als dynamisches und kontinuierliches Wechselspiel gemeinsamen Fragens, Suchens und Findens in der Perspektive eines gemeinsamen mitmenschlichen Kommunikationsaktes angesehen werden. Weil Gottes Geschichte mit den Menschen als ein ausgesprochen wechselvolles, überraschendes und facettenreiches Geschehen überliefert ist, eröffnet sich auch für jede Predigt immer wieder neu ein kleiner Teil dieser überraschenden Geschichte und Dynamik.

Aufmerksamkeitsorientiertes Predigen lebt, kurz gesagt, davon, dass Predigtperson und Hörende als Suchende und Fragende durch die Annäherung an Sache und Inhalte des Textgeschehens gemeinsam Wege der Lebensdeutung zu entdecken versuchen. Insofern stellt der Predigtkontext als Ganzes einen übergreifenden theologisch deutbaren Entdeckungszusammenhang dar.

Eine solche dynamische Vorstellung des Predigtgeschehens ist denkbar weit von der Vorstellung eines theologischen Redens in statuarischer Eindeutigkeit entfernt. Immer noch kann man insbesondere bei frisch Examinierten miterleben, wie sich unbewusst die Zielvorstellung breit macht und durchsetzt, der Hörerschaft dogmatische Richtigkeiten vermitteln zu müssen. So als ob das Wesentliche darin läge, die Sonntagsgemeinde mit einem verlässlichen Kernbestand theologischer Wahrheiten zu konfrontieren und sie vermeintlich klar orientiert in den kommenden Alltag zu entlassen. Unter einer solchen Vorannahme begrenzt sich der oder die Predigende auf erhebliche Weise sowohl in der Verwendung seines Sprachrepertoires wie in seiner Interpretationsfähigkeit. Vielmehr wird hier also für eine theologisch-hermeneutische Praxis plädiert, die Fragen und Antworten, Deutungsangebote und Orientierungsversuche aus gutem theologischem Grund «in die Schwebe» bringt und dort so lange wie möglich hält.

Wird für diese homiletisch-hermeneutische Herausforderung der Begriff der Aufmerksamkeit als zentrale Deutungskategorie herausgestellt, soll damit, um es nochmals zu betonen, nicht einer weiteren Bindestrich-Homiletik das Wort geredet werden. Vielmehr geht es darum, durch diese Fokussierung die unterschiedlichen Möglichkeiten theologischer Rede im Modus von Zusage, Zuspruch und Zumutung auszudifferenzieren und zugleich zusammenzubinden.

Das Predigen lebt in entscheidender Weise von dem Anliegen, die Rede von Gottes Gegenwart in ihrer möglichen Bedeutung für das menschliche Leben selbst zum Vorschein zu bringen: Von dieser Situation kann gesagt werden: «Der *vox Dei* zu lauschen ist demnach eine theologische und – im

Sinne der Reflexion des Menschen coram Deo – anthropologische Grundaktivität sinnvoller Lebensgestaltung».[7]

Dieser Anspruch sei ausdrücklich von dem immer wieder genannten Ansinnen unterschieden, Gottes Gegenwart gleichsam durch das gesprochene Wort in Vollzug zu setzen! Vielmehr gilt daran zu erinnern, dass es «bis heute – immer Menschen sind, die Texte produzieren, die sprechen und zuhören.»[8]

Ganz zu Recht wird befürchtet, dass eine «homiletische Hypostasierung» entstehen könnte, «wenn die Predigt als Wort- und Sprachereignis die Vielfalt der biblischen Gottesreden und die damit gegebene Kritik ignorieren würde.»[9] Eine Aufmerksamkeitserzeugung unmittelbarer göttlicher Präsenz im Sinn eines offenbarungstheologischen Grundaktes scheint m. E. für Absicht und Durchführung der Predigt so überzogen wie unrealistisch zu sein.

Sowohl für den Akt des Redens wie den des Hörens gilt: Ein Verstehen dessen, was gesagt wird und was gesagt werden will, lebt entscheidend davon, dass in der Rede selbst dieses prinzipielle Aufmerksamkeitsgeschehen Gottes mit den Menschen in aller Vielfalt zur Sprache kommt und auf unterschiedlichste Weise Gehör finden kann. Von einer solchen Grundperspektive her kommen alle Vorstellungen einer rhetorisch verlässlich erfolgreichen Technik von vornherein an ihre sachliche Grenze. Damit gilt es, der Rhetorik als Kunst der Rede in einem prinzipiellen und eben nicht nur technischen Sinn ebenfalls die notwendige Aufmerksamkeit zu widmen. Im Hintergrund steht dabei ein lange gepflegtes Verständnis von Rhetorik als «Element öffentlicher Selbstvergewisserung und Entscheidungsfindung»[10], von wo aus dann auch Verknüpfungen zum hier stark gemachten öffentlichen Charakter von Kirche und Theologie hergestellt werden können.

Werden somit im späteren Verlauf dieser Studie rhetorische Grundfragen aufgenommen, so gilt es, diese gerade auf ihren möglichen theologischen Bezug hin zu thematisieren. Aber auch in umgekehrter Weise soll dann die Frage nach einem theologisch verantworteten, spezifisch evangelischen Verkündigungsauftrag mit grundlegenden rhetorischen Einsichten verknüpft werden.

Durch den Begriff der *theologischen Rhetorik* sei somit von den genannten hermeneutischen Ausgangsbedingungen her der spezifische Modus der Rede über Gott und dessen präsenter Beziehung zu den Menschen charakteri-

---

[7]   *Nisslmüller*, Homo audiens, 32; vgl. zur praktisch-theologischen Interpretation des Hörens auch *Gebhard*, Glauben kommt vom Hörensagen.

[8]   *Schmidt*, Konstruktivismus, 612.

[9]   So *Schwier* im Anschluss an P. Ricœur, Von Gott reden, 54.

[10] *Knape*, Was ist Rhetorik?, 13.

siert. Die Pointe einer solchen theologischen Rhetorik liegt in der Orientierung am reformatorischen Erbe der Rede über den Menschen *coram Deo* und dessen unbedingter Annahme von Gott her. Erst von dieser Grundgewissheit her können die einzelnen Facetten theologisch-rhetorischer Präsenz näher in den Blick kommen. Die Herausforderung qualitätsvoller theologischer Rede besteht somit gerade darin, diese Grundgewissheit auch in einer rhetorisch ansprechenden Art und Weise zum Ausdruck zu bringen.

Nun findet solche theologisch-hermeneutisch ausgerichtete homiletische Redepraxis und die Reflexion darüber nota bene im öffentlichen Raum statt. Insofern hat hier die öffentliche Dimension der Predigtrede unbedingt ihre eigene Berücksichtigung zu finden.

4.2 Öffentliche Dimension

Predigtrede muss und kann mit vielfältigen Kontexten öffentlicher Aufmerksamkeit rechnen. Als «öffentliche Wortverkündigung in der christlichen Gemeinde oder von der christlichen Gemeinde her»[11] spielt sie sich in ausdrücklichem Sinn im öffentlichen Raum ab. Sie stellt weder ihrem Setting noch ihrem Anspruch nach private Rede im Sinn einer prinzipiellen Zurückgezogenheit oder programmatischen Exklusivität dar. Als «Circulation des religiösen Interesses»[12] hat die Bezeugung des Evangeliums nicht nur per se dialogischen, sondern auch eminent öffentlichen Charakter. Um es im Bild auszudrücken: Predigende sollten sich bewusst sein, dass ihre Worte sowohl innerhalb des Kirchenraums wie auch darüber hinaus nicht nur öffentlich hörbar sind, sondern auch eine hörende Öffentlichkeit herstellen. Im Vollzug der Rede konstituiert sich ein Resonanzraum vor aller Ohren und Augen. Darin werden die Hörenden nicht nur durch Worte «bespielt», sondern auch in ihrer Raumsituierung beeinflusst. Zum anderen ist immer auch mit einer potenziellen öffentlichen Hörerschar zu rechnen, die von den gesprochenen Worten sozusagen Wind bekommen könnte. Nicht nur der gute oder schlechte Ruf mag dann der Predigtperson vorauseilen, sondern tatsächlich auch das Gesagte selbst.

So werden Predigtinhalte über den konkreten Resonanzraum hinaus in einen weiteren Kontext getragen – sei es aufgrund ihrer Anschaulichkeit, sei es aufgrund ihrer provozierenden oder gar anstößigen Formulierungen. Es kann und darf immer auch mit einer Öffentlichkeit jenseits der sonntäglichen Kirchenmauern gerechnet werden. Auch andere erhalten Kunde von dem, was

---

11 *Müller*, Homiletik, 175.
12 *Schleiermacher*, Die praktische Theologie, 65.

im vermeintlich geschlossenen Raum gesagt und getan wird. Konkrete Predigtpraxis sollte folglich immer davon ausgehen, dass die Kirchentüren und Kirchenfenster prinzipiell Transparenz eröffnen. Und jederzeit könnte jemand «von außen» hineinkommen, dem man sich ebenfalls verständlich machen können sollte.

Diese Rede von der Öffentlichkeit ist dabei, wie nun unschwer deutlich wird, weit mehr als eine Art «Ortsangabe» im topografischen Sinn öffentlich zugänglicher Räume. Wenn von Öffentlichkeit die Rede ist, so zeigt dies auch viel mehr als eine Unterscheidung vom Privaten an. Unter Öffentlichkeit sei hier derjenige Raum gefasst, in dem über die Lebenswirklichkeit von Menschen diskutiert, reflektiert und von Fall zu Fall auch geurteilt wird. Aufgrund der komplexen Formen von Öffentlichkeit legt sich die Differenzierung einer kirchlichen, gesellschaftlichen und universitären Öffentlichkeit nahe.[13]

Homiletische Reflexion zielt auf die Herausforderungen und den Einfluss der Predigtrede in diesen Teilöffentlichkeiten ab. Sie hat es dabei in unterschiedlicher Weise mit allen drei Dimensionen von Öffentlichkeit zu tun. In universitärer Hinsicht ist die Homiletik als Teildisziplin einer öffentlichen Theologie zu verstehen, die ihre Deutungsangebote bewusst dem akademischen Diskurs aussetzt. In gesellschaftlicher Hinsicht muss Predigttheorie die unterschiedlichsten Gestaltungsformen des öffentlichen Lebens wahrnehmen und sie mit den eigenen Deutungen der Lebenswirklichkeit verschränken. In kirchlicher Hinsicht bezieht sich die homiletische Reflexion – wie auch in dieser Studie ausgeführt – auf die Kontexte kirchlichen Handelns und der Kirchenleitung. In allen drei Hinsichten sind Exklusivitätsansprüche – sowohl was die Sprache, wie den eigenen Inhalt angeht – unbedingt zu vermeiden. Wenn hier deshalb nun näher vom öffentlichen Charakter des Predigtgeschehens gesprochen wird, soll damit dessen Verortung und Verankerung in einem öffentlichen, möglichst transparenten Diskursraum angezeigt werden.

Um es im Folgenden auf den Bereich kirchlichen Handelns zuzuspitzen: Mit dem Hinweis auf die Dimension der Öffentlichkeit wird signalisiert, dass Kirche mitsamt den in ihr stattfindenden Gottesdienstvollzügen und Predigten einen höchst relevanten Diskurs- und Entscheidungsort inmitten öffentlicher Urteilsbildungs- und Gestaltungskultur darstellt. Dabei ist es im Übrigen keine Frage der Zahl, ob eine sogenannte «breite» Öffentlichkeit hergestellt ist: Selbst kleinste Gottesdienstversammlungen können aus guten theologischen Gründen einen weiten Horizont in den Blick nehmen. Gottesdienstliche Vollzüge sind tatsächlich bereits dort von öffentlicher Bedeutung, wo «zwei

---

13 Vgl. dazu *Tracy*, Theology as Public Discourse.

oder drei in meinem Namen versammelt sind» (Mt 18,20). So stellt beispielsweise ein auf den ersten Blick hochprivater Anlass einer samstäglichen Taufhandlung auf eminente Weise Öffentlichkeit her. Denn hier werden die beteiligten Menschen in ihrer konkreten Lebenssituation angesprochen, als Teil der Gemeinde zu einem verantwortlichen Zusammenleben ermutigt und an die bereits von Gott her geschehene öffentliche Geschichte mit ihnen und der ganzen christlichen Gemeinde erinnert. Es ist jedenfalls selbst dann, wenn realiter nur eine kleine, gar sehr privat anmutende Hörerschar vorhanden ist, immer sogleich Öffentlichkeit bzw. öffentliche Gemeinde «mit im Raum», die weit über die sichtbare Zahl hinausgeht.

Von dort aus gesehen erfordert Predigtpraxis bei den – redenden und hörenden! – Akteuren zum einen ein hohes Bewusstsein von der eigenen Präsenz und den jeweiligen Gestaltungsmöglichkeiten im öffentlichen Raum. Zum anderen erfordert diese Praxis aufgrund der sich damit verbindenden öffentlichen Erwartungen ein erhebliches Verantwortungsgefühl.

Wenn nun aber auf diese öffentliche Dimension eingegangen wird, so ist zugleich auf den Tatbestand eines heftig umkämpften Marktes öffentlicher Aufmerksamkeit einzugehen. Es findet ein intensiver Wettbewerb statt, wer die öffentlichen Resonanzräume des Lebens eigentlich maßgeblich bespielen, ausgestalten und prägen soll. Gegenwärtige Predigtpraxis muss mit knapper werdenden Aufmerksamkeitsressourcen rechnen und sich damit intensiv auseinandersetzen. Diese Knappheit des Gutes öffentlicher Aufmerksamkeit bezieht sich auf Phänomene in einem sehr weiten gesellschaftlichen Sinn, die deutlich über die anfangs genannten Rezeptionsprobleme der Predigthörerschaft und auch die anfangs genannten medialen Herausforderungen hinausgehen. Dies verweist auf die gesellschaftliche Teilöffentlichkeit als Horizont der Predigtaufgabe und ihrer homiletischen Reflexion.

Zu denken ist hier an das strukturelle Problem von Meinungsführerschaften, die auf dem höchsten Stand technischer Möglichkeiten massensuggestive Aufmerksamkeit erregen können und durch ihre Wort- und Bildprogramme erheblichen, gar monopolhaften Einfluss auf die Zirkulation des Bewusstseins zu nehmen vermögen. Man denke hier exemplarisch an die inzwischen hoch subtilen Formen eines Produktmarketings quer durch unterschiedlichste Medien hindurch oder die systematische Verbreitung von bestimmten Lebensstil-Idealen und den dazugehörigen Konsumaccessoires mit sämtlichen Mitteln der auf alle Sinne ausgerichteten Aufmerksamkeits-Kunst.

Nun wäre es so kurzsichtig wie vermessen, würde man gerade die homiletische Theoriebildung in ihrer öffentlichen Funktion als einen Kontrapunkt oder als ein prinzipiell kritisches Gegenüber zu solchen Entwicklungen stark machen. Natürlich wäre es ein Einfaches, diese Bereiche primär von einem bestimmten Manipulationsverdacht aus in den Blick zu nehmen. Die Fundamentalkritik an solchen – zugegebenermaßen hochproblematischen Tendenzen eines neoliberalistischen Politik- und Wirtschaftssystems – fällt offenbar leichter als die theologische Auseinandersetzung mit fatalen Entwicklungen dieser Art. Immer wieder gewinnt man als Predigthörer den Eindruck, dass die Anklagen um ein Vielfaches plastischer ausfallen als alle Versuche einer markanten theologisch-rhetorischen Deutung.

Eine Predigttheorie und -praxis in öffentlicher Perspektive sollte aber nun nicht reflexartig mit der Brandmarkung anderer Aufmerksamkeitsagenten beginnen. So soll im vorliegenden Zusammenhang gerade nicht für eine prinzipiell kulturkritische Ausrichtung der Homiletik plädiert werden. Staat, Politik oder Wirtschaft sind jedenfalls nicht von vornherein – wie es in der Predigtpraxis immer wieder suggeriert wird – die heimlichen oder unheimlichen Gegner menschlichen Lebens, sondern stellen erst einmal in ganz wertneutralem Sinn lebenssichernde Instanzen dar.

Weil die Verhältnisse in den genannten öffentlichen Räumen ausgesprochen komplex sind, muss homiletische Reflexion allererst für die Chancen, Möglichkeiten, Notwendigkeiten und Grenzen theologisch aufmerksamer Rede in der Öffentlichkeit sensibilisieren. Wenn sich Homiletik als Teilbereich und wissenschaftliche Gestaltungsform einer öffentlichen Theologie versteht, muss sie sich auch der öffentlichen Verantwortung und möglichen Folgewirkungen aller Predigtrede bewusst sein.

Konkret gesprochen und hier schon einmal angedeutet, verlangt das komplexe Geschäft öffentlicher theologischer Predigtrede nach einer ebenso komplexen und ernsthaften Berücksichtigung institutioneller Rahmenbedingungen sowie der möglichst genauen Beschäftigung mit ethischen Sachverhalten und auch der offenen Benennung faktischer Dilemmata.

Auf der anderen Seite kann dies aber gerade nicht heißen, den eigenen Deutungsanspruch angesichts der gegebenen Verhältnisse auf vermeintlich innerste Glaubensfragen und innerkirchliche Fragen oder gar ganz ad acta zu legen. Auch im Blick auf die Predigtpraxis gilt, dass der Versuch, unpolitisch zu bleiben, eine hochpolitische Grundentscheidung bedeuten würde. Denn damit würde homiletische Praxis unter Umständen sehr schnell unter der Flagge der «Normativität des Faktischen» segeln. Öffentliche Theologie kann insofern nicht bedeuten, sich mit den unterschiedlichen herrschenden Teilöffentlichkeiten des Lebens einfach mehr oder weniger stillschweigend zu arrangieren.

Dies führt notwendigerweise zum nächsten Fragekomplex weiter: Wie und wodurch kann öffentliche Rede heute noch ethisch relevante Überzeugungskraft erlangen, wenn sie mehr sein will als die komplette Negierung des

Bestehenden oder etwas anderes sein will als die bloße affirmative Bestätigung der Verhältnisse? In welchem sachlichen Sinn kann eine ethisch ausgerichtete öffentliche Rede überhaupt Aufmerksamkeit für sich beanspruchen?

4.3 Ethische Dimension

Die ethische Dimension aufmerksamkeitsorientierter Rede ist angesichts der gegenwärtigen Herausforderungen im lokalen und globalen Maßstab kaum zu überschätzen. Aufgrund unübersehbarer ausgrenzender gesellschaftlicher und gesellschaftspolitischer Tendenzen ist es so sinnvoll wie notwendig, Predigtrede auch in dieser Hinsicht zu profilieren. Hier muss dann auch durch die Predigt gar nichts «inszeniert» werden, weil die dramatische Faktenlage im Einzelfall durchaus schon offen und in aller Realität vor Augen steht. Es muss in diesem Zusammenhang auch nicht krampfhaft nach der leiblichen Verkörperung des Wortes selbst gesucht werden, weil die reale Präsenz menschlicher Aufmerksamkeitsbedürftigkeit eigentlich unübersehbar vor aller Augen steht. Die Faktizität prekärer öffentlicher Angelegenheiten und Einzelschicksale lässt jedenfalls den Begriff des Aufmerksamkeitsraums noch einmal in einem anderen Licht erscheinen.

So sind in der Tat sehr konkrete gesellschaftliche Missstände zu beobachten und zu benennen, die mit erheblichen, spürbaren Aufmerksamkeitsdefiziten verbunden sind. Bestimmte problematische Ab- und Ausgrenzungstendenzen beginnen im privatesten Bereich. Hier sind Phänomene einer narzisstischen Allein- und Selbstaufmerksamkeit zu konstatieren, die ihre Ausdrucksgestalt in starker Selbstbezogenheit wie auch offen deklariertem Egoismus findet. Dies verbindet sich häufig mit einer Aversion allen Selbstverpflichtungen gegenüber Dritten und einem mehr oder weniger starken Rückzug aus überindividuellen Bindungsverhältnissen. Zu denken ist hier übrigens auch an die vielfältigen Formen realer und existenziell spürbarer Einsamkeit, für die nicht nur ökonomische, sondern auch soziale und psychische Gründe namhaft zu machen sind. Das Diktum, dass sich «jeder selbst der Nächste» ist, hat nun allerdings erhebliche und prekäre Konsequenzen für alle Formen eines auf Solidarität hin orientierten Zusammenlebens. Denn es stellt sich natürlich die Frage, wie unter solchen Voraussetzungen noch für eine größere Aufmerksamkeit für den je Nächsten und Anderen sensibilisiert werden soll.

Im größeren Maßstab des gesellschaftlichen Zusammenlebens sind strukturelle Vernachlässigungen und die Negierung grundlegender Lebensbedürfnisse zu beobachten. Dass gegenwärtig das Thema der Inklusion so intensiv auf der politischen und inzwischen auch auf der wissenschaftlichen Tagesordnung erscheint, stellt die Kehrseite dieser unübersehbaren Entwicklungen wechselseitiger Abgrenzungsbestrebungen dar. Diese lassen sich durchaus als eine Art eingespielte Nichtaufmerksamkeit und institutionelle Ignoranz bezeichnen. Dies zeigt sich etwa dann, wenn bestimmte sozialstaatliche Hilfeleistungen bereits als problematisch für ein funktionierendes Gemeinwesen angesehen werden und jede Form der Inanspruchnahme von Hilfe sogleich mit dem Vorwurf des Schmarotzertums in Verbindung gebracht wird.

Die ethische Dimension aufmerksamkeitsorientierter Predigt zeigt sich folglich an der offenen und öffentlichen Selbstpositionierung an den Rändern der Gesellschaft. Deshalb stellen Integration und Inklusion wesentliche Aspekte zeitgemäßer Predigtreflexion in einer aufmerksamkeitsorientierten Perspektive dar.

Wenn hier nun also die ethische Dimension aufmerksamer Predigtrede ins Spiel gebracht wird, so steht dies in denkbar größter Distanz zur alten Tradition der Moralpredigt und auch zur Vorstellung, als ob die Predigt vornehmlich ihren Hörerinnen und Hörern ins moralische Gewissen reden müsste. Zu Recht wird kritisch gefragt, ob die Predigt die Aufgabe hat, «den ohnehin bestehenden Moraldiskurs zu wiederholen und noch zu verstärken, um etwas zu sagen, was sich auch ohne Glaubensbezug sagen lässt.»[14] Zugleich ist darauf hinzuweisen, dass Hörende im Einzelfall sehr wohl dazu bereit sind, sich auf eine ethische Dimension der Predigt einzulassen und dabei Impulse vermittelt zu bekommen, die «auch quer zur sozialen Erwünschtheit stehen und gesellschaftlich selten vertretene Inhalte vermitteln.» [15] Allerdings werden dabei im Regelfall deutliche Grenzen zu politisch erscheinender Thesenhaftigkeit markiert.

Von daher nötigt – um es hier schon anzudeuten – der Blick auf die öffentlichen politischen, gesellschaftlichen, ökonomischen und kirchlichen Verhältnisse zur wachsamen Predigthaltung. Dabei wäre es nicht selten sehr viel glaubwürdiger, würde die predigende Person die eigene ethische Urteilsbildung in einer bestimmten Sache nicht so mitteilen, als ob diese damit für alle Hörenden sogleich verbindlichen Charakter annehmen müsste.

Gleichwohl wäre es genauso fahrlässig und kurzsichtig, würde man die ethische Dimension der Predigt nur noch für eine Art positiven Kollateralschaden der «eigentlichen» theologischen Rede halten. Diese Dimension ist nicht einfach ein *nice to have* und darf auch nicht in oftmals erlebbarem routinierten Sinn einfach den handlungsorientierten Schlussakkord des Predigtkasus darstellen. Sondern sie sollte als eine Grundperspektive dieser

---

[14]   *Heine*, Raum des Textes, 50.
[15]   *Pohl-Patalong*, Gottesdienst erleben, 144.

theologischen Rede immer mit präsent sein. Um auch dies hier schon anzudeuten: Die Unterscheidung zwischen Gesetz und Evangelium stellt den maßgeblichen Orientierungspunkt für die ethische Dimension aufmerksamer Predigtrede dar.

Zum anderen wäre es auf Dauer so langweilig wie unergiebig, würde jede Predigt voraussagbar in eine ethisch geprägte Handlungsanweisung auslaufen. Vielmehr besteht die immer noch viel zu selten miterlebbare Kunst gerade darin, die ethische Dimension so in die theologischen Erwägungen zu integrieren, dass diese nicht als nachgeschobene Konsequenz, sondern in ihrer selbstverständlich mitlaufenden Bedeutung und Wirksamkeit deutlich wird. Wie sich dies *materialiter* entfalten kann, wird noch im Blick auf die Notwendigkeiten und Möglichkeiten politischen Predigens näher entfaltet werden.

4.4 Profildimension

Manchen Überlegungen zu einer attraktiveren Predigtpraxis liegt implizit oder explizit die Hoffnung zugrunde, dadurch Wesentliches zur Zukunft von Kirche überhaupt beizutragen. Nicht ohne Grund steht etwa die Gründung des EKD-Zentrums für Predigtkultur in der Fluchtlinie der seinerzeitigen Überlegungen zur «Kirche der Freiheit». Die inzwischen vorgelegten ersten programmatischen Überlegungen dieses Zentrums verorten sich ausdrücklich auch im Kontext der aktuellen kirchlichen Reformdebatten. Durch diese Gründung sollen weit reichende Standards für eine gute und attraktive Praxis erarbeitet werden, von denen man sich zugleich tatsächlich eine ganz neue Kultur des Predigens erwartet. So werden als Ziele des Zentrums u. a. benannt, «die Lust an der Predigt zu fördern» sowie «die Sprache und Kultur der Gegenwart zu erkunden und zu der Predigtrede in Beziehung zu setzen.»[16]

Dass inzwischen von verschiedenen Kirchenleitungen Predigtpreise öffentlich bekanntgemacht und verliehen werden, steht in engem Zusammenhang zu dieser Grundintention. So wird etwa für den aktuell eingeführten Schweizer Predigtpreis des Schweizerischen Evangelischen Kirchenbundes als Begründung genannt, dass Sonntag für Sonntag Predigende Kunstwerke und «gelungene Übersetzungen des Evangeliums in die heutige Zeit» schaffen, die es zu zeigen und zu würdigen gelte.[17]

---

[16] Vgl. http://www.ekd.de/zentrum-predigtkultur/ziele.html [14.8.2013].

[17] Vgl. http://www.schweizer-predigtpreis.ch/home.

Dass die Geschmäcker über eine «beste Predigt» dabei durchaus verschieden sein können, mag ein aktuelles Beispiel zeigen. Der ökumenische Predigtpreis 2013 wurde an eine durchaus gewagte Predigt über Jer 1,4–10 verliehen, in der die Aussage, dass Jeremia bereits im Mutterleib zum Propheten berufen war mit einer scharfen Kritik an der Abtreibung behinderter Föten verbunden wurde.[18] Vielleicht ist es tatsächlich gerade der anstößige Vergleich, der durch die erzeugte Irritation entscheidend zum Profil beiträgt. Allerdings ist eine solche Profilbildung erheblich von der Frage eines zukünftigen Kirchenprofils zu unterscheiden.

Insofern stellt sich an dieser Stelle die Grundfrage, ob Überlegungen zur Ausdrucksgestalt der Predigt ihren primären Ausgangspunkt in der Sorge um Wohl und Wehe der Institution Kirche haben sollten. Alle Formen eines «geheimen Lehrplans» sind in diesem Zusammenhang hochproblematisch und im wahrsten Sinn des Wortes von bezweifelbarer und zweifelhafter Gestalt. Predigt sollte im Blick auf ihren Anspruch und ihre Zielsetzung nicht auf die strategische Frage der Zukunftsfähigkeit kirchlicher Arbeit fokussiert werden.

Gleichwohl beinhaltet die Reflexion über die profilierte Predigtrede – wie auch das oben genannte Beispiel zu verdeutlichen vermag – natürlich die Frage nach deren inhaltlicher Substanz. Dies ist gerade dann festzuhalten, wenn Predigt sich als aufmerksame theologische Rede im öffentlichen Kontext zu positionieren gedenkt. Und dies gilt umso mehr – um an die Frage der öffentlichen Präsenz anzuknüpfen – wenn das theologische Profil der Redenden als eine Verpflichtung bestimmt wird, «for the people in their daily live»[19] in Erscheinung zu treten.

Die Frage nach dem profilierten kirchlichen Auftreten, von dem gegenwärtig insbesondere in manchen Diskussionen um neue Gemeindeaufbaumodelle die Rede ist, beginnt mit der Erkennbarkeit derjenigen, die für das gesprochene Wort auch über die Rede hinaus erkennbar und glaubwürdig einstehen. Dies trägt im Einzelfall ein pointiert kritisches Potenzial gegenüber allzu obsessiven kirchlichen Profilierungsabsichten in sich.

Um auch hier bereits die weiteren Perspektiven anzudeuten: Es geht um nicht mehr, aber auch nicht weniger als um eine profiliert qualitätsvolle, an der theologisch vielfältigen Sache orientierte Kunst der Erzeugung von Aufmerksamkeit. Als ein relevantes Deutungsangebot des Lebens inmitten der Pluralität unter postmodernen Bedingungen muss sich die Qualität auf-

---

[18] Vgl. http://www.predigtpreis.de/fileadmin/files_redaktion/download/Medienberichte/
medienbericht_schmolke.pdf
[19] Vgl. *Okey*, The Public Vocation.

merksamer Rede sowohl im Vollzug selbst wie auch in dem damit verbundenen kontextuellen Handeln erweisen. Glaubwürdige Rede zeichnet sich wesentlich dadurch aus, dass diese ihrerseits in einem erkennbar profilierten Zusammenhang steht, der alle Akteure untereinander verbindet. Dass diese Verbindungen von sehr unterschiedlicher Erlebnis- und Verpflichtungsdichte – im Sinn von *strong ties* und *weak ties* – sein können, ist dabei vorausgesetzt und selbstverständlich.

4.5 Pädagogische Dimension

Ist Homiletik mit einer pädagogischen Perspektive verbunden oder handelt es sich hier aus guten Gründen um zwei möglichst klar voneinander zu unterscheidende praktisch-theologische Bezugsdisziplinen und Praxishorizonte? Verschiedentlich wird ausdrücklich auf diesen Zusammenhang hingewiesen: Der Unterschied zwischen predigendem und pädagogischem Handeln bestehe «lediglich darin, dass die Reaktion des Gegenübers im Unterricht auch verbal zu vernehmen ist, während der Redner (Prediger) auf die Wahrnehmung nonverbaler Signale angewiesen ist. Doch der Regelkreis von Zielbestimmung, Wahrnehmung und modifizierten Zielen ist in Unterricht und Predigt derselbe.»[20]

Was schon für die ethische Dimension gilt, kann auch hier ins Feld geführt werden: Alle althergebrachten Versuche, Kanzel und Katheder mit dem Ziel sonntäglicher Belehrung zu vermischen, verbieten sich. Nebenbei bemerkt hat die postmoderne Hörerschaft ein erhebliches Feingefühl dafür, wenn schon leise Anzeichen entsprechender «Versuchsanordnungen» erkennbar werden. Nun kann Predigenden der Gegenwart kaum unterstellt werden, dass sie dezidiert auf frontale Belehrungen oder Ermahnungen der traditionellen Art abzielen – abgesehen davon, dass dies auch eine prinzipiell zu geringe Berücksichtigung der pädagogischen Dimension beinhalten würde.

In der Regel existiert erhebliche Sensibilität dafür, die Predigtpraxis nicht vom Gedanken einer indoktrinären Erziehungsmaßnahme her zu konturieren. Natürlich sollte eine wichtige homiletische Anforderung darin gesehen werden, Hörenden immer auch bestimmte Kenntnisse zu vermitteln. Denn Aufmerksamkeit verbindet sich natürlich nicht nur mit einer emotionalen Haltung, sondern richtet sich auch auf ganz konkrete materiale Gehalte theologischer Rede. Zudem ist schlechterdings nicht vorstellbar, bei den Hörenden relevante Orientierung ohne die Bezugnahme auf konkrete Sachin-

---

[20] *Meyer-Blanck*, Gottesdienstlehre, 467.

formationen und deren kundige Einordnung in größere Sachzusammenhänge zu ermöglichen.

Dies alleine heißt aber noch keineswegs, dass damit schon die Tiefendimension der pädagogischen Perspektive mit im Blick wäre: Zu erinnern ist hier an dic pädagogische und religionspädagogische Grundeinsicht, dass alle Versuche der Frontalbelehrung auch aus guten konzeptionellen Gründen prinzipiell in Frage zu stellen sind, weil damit die Bedingungen von wechselseitiger Kommunikation außer Kraft gesetzt zu werden drohen. Hinter dieser Einsicht steht vor allem das erhebliche Zutrauen in die produktive Leistung der Hörenden selbst. Diese kommen hier eben nicht als willenlose Rezipienten des Vorgetragenen ins Spiel, sondern werden zu entscheidenden Ko-Akteuren und Ko-Autoren dessen, was sich in der Rede ereignet.

Von dieser Ausgangslage der unbedingten Wertschätzung des Subjekts aus ist eine neue Orientierung an den grundlegenden pädagogischen Einsichten von Seiten der Homiletik außerordentlich fruchtbar. Oder wie es für das Jugendalter – sicherlich sehr exemplarisch – festgehalten wird: «Die geistliche Unterforderung und die falsche rhetorische Überfrachtung der Predigt [...] macht die [Jugend]Predigt langweilig.»[21]

Es geht bei einer solchen Bezugnahme auf pädagogische Einsichten allerdings keineswegs um nur strategische Anpassungen an gegenwärtige Hör- und Kommunikationsbedingungen. Gefragt ist vielmehr von Seiten des Predigenden eine möglichst umfassende Berücksichtigung des theologischen Reichtums der Hörerschaft sowie der theologischen Potenziale jedes und jeder Einzelnen. Diese wollen nicht nur in einem ganz grundsätzlichen Sinn als Hörende ernst genommen werden, sondern bringen auch aufgrund ihrer je eigenen Erfahrungen und Fragen alle Voraussetzungen für eigene Anknüpfungspunkte, größtmögliche innere Beteiligung und selbst für Formen der Interaktion im Predigtvollzug mit. Damit soll schon hier die religionspädagogisch längst etablierte These stark gemacht werden, dass jeder und jede einzelne Hörende aufgrund der eigenen Lebenspraxis als ein theologisch hör- und deutungsfähiges Subjekt aufmerksam anzuerkennen ist.[22] Diese Subjektorientierung ist als Grundprinzip theologischer Kommunikation und Interaktion für den Kontext der Predigtpraxis schwerlich außen vor zu lassen.

Geht man sowohl von einer grundsätzlichen Subjektorientierung wie von der dialogischen Interaktion «auf Augenhöhe» als notwendigen Bedingungen gelingender Kommunikation schlechthin aus, so hat dies auch für das Selbstverständnis des aufmerksam Predigenden erhebliche Konsequenzen. Die

---

21 *Meyer-Blanck*, Das Rhetorische und das Pädagogische, 221.
22 Vgl. exemplarisch die inzwischen vielfältigen Studien zur Kinder- und Jugendtheologie.

pädagogischen Standards einer prozesshaften und offenen Annäherung an existenzielle Lebens- und Wahrheitsfragen haben für eine Predigtrede im Zeichen der Aufmerksamkeit mehrere Konsequenzen, die hier ebenfalls bereits ein erstes Mal kurz angedeutet werden sollen:

Die Attitude des vollmächtig Lehrenden, der sich in herausgehobener Weise sowie in ultimativer Hinsicht auf sein theologisches Expertenwissen beruft, verbietet sich der Sache wie dem Auftrag nach für jede predigende Person, selbst wenn sie noch so überzeugungsstark wirkt. Wie im pädagogischen Geschehen gilt auch für die Predigt, dass sich relevante Einsichten und Erkenntnisgewinn erst dann ereignen, wenn Predigende größtmöglichen Imaginationsraum für die Hörenden eröffnen. Die eigene Interpretation muss sich durch die offene Haltung dafür auszeichnen, dass Hörende die gesprochenen Worte ganz anders zu interpretieren vermögen als es die Predigtperson selbst überhaupt je vorstellen könnte.

Zudem ist davon auszugehen, dass sich eine wirkliche dialogische Dynamik erst dann zu ereignen vermag, wenn sich alle beteiligten Akteure im Modus des gemeinsamen Vollzuges dem Anspruch der Sache gemeinsam aussetzen. Wie dies im Einzelnen vorgestellt werden kann, wird im weiteren Verlauf dieser Studie noch näher erörtert werden.

Hier sei aber schon beispielhaft an solche Formen religiös bildender Rede erinnert, die sich im Modus des Erzählens wirkmächtig entfalten können. Von pädagogischen Einsichten her ist zu betonen, dass eine solche narrative Annäherung an biblische Überlieferung gerade nicht als einseitiger Akt der Vermittlung verstanden werden darf. Sondern Entscheidendes kann sich dann ereignen, wenn durch eine solche erzählende Grundhaltung eine gleichsam dialogoffene Atmosphäre entsteht. In diesem Fall können zwischen Redenden und Hörenden tiefe Korrespondenzverhältnisse entstehen, die manchmal schon durch kleinste sprachliche Gestaltungen und auch körperliche Reaktionen zum Ausdruck kommen. Dann vermag ein solches anschauliches und mitvollziehbares Erzählen eine tief berührende, die Hörenden einbeziehende und erhellende Wirkung zu entwickeln, die alle Versuche einliniger Informationsübermittlung qualitativ in höchstem Sinn überschreitet. Dies ist nun aber keineswegs ein primär methodischer Hinweis, sondern im Sinn einer inhaltsreichen Aufmerksamkeitserzeugung ist zu betonen, dass Erzählungen «dort ihre größte Spannkraft entwickeln, wo sie sich am Unmöglichen versuchen.»[23]

Wie schon angedeutet, wird damit allen Suggestionsabsichten im Sinn eines konfrontativen Belehrungshabitus entschieden gewehrt. Natürlich

---

23 *Waldenfels*, Phänomenologie, 64.

verfügt der Predigende in aller Regel über einen erheblich größeren Fundus an theologischen Einsichten zum Gegenstand seiner Rede. Und dass katechetische Anteile in Predigten oftmals unterbelichtet bleiben, ist insbesondere dort schwierig, wo etwa gewisse Traditionen des christlichen Jahreslaufs eigentlich neu entdeckt werden müssten.[24]

Aber gerade dies sollte zu einer erheblichen Zurückhaltung hinsichtlich aller Anmutung einer solchen katechetischen Unterweisung führen, die Katheder und Kanzel miteinander verwechseln. Denn sonst würde die spezifisch theologische Aufgabe und Verantwortlichkeit der Kanzelrede von ganz anderen Absichten her profiliert und damit letztlich nicht weniger als zweckentfremdet.

4.6 Professionalitätsdimension

Die bisher knapp entfalteten Dimensionen zeigen nun bereits in den Skizzierungen, welche grundsätzlichen professionstheoretischen Herausforderungen sich mit der Predigtaufgabe verbinden. Das reformatorisch gegründete und theologisch begründete *publice docere* (Confessio Augustana XIV) ist für den Predigenden mit einem erheblichen Anspruch an seine persönliche, intellektuelle und geistliche Deutungskompetenz verbunden. Der Auftrag lautet nach lutherischem Verständnis: das «Evangelium predigen, Sunde vergeben, Lehr urteilen und die Lehre, so dem Evangelio entgegen, verwerfen […] ohne menschlichen Gewalt, sonder allein durch Gottes Wort» (Confessio Augustana XXVIII, § 21). Dies ist der Tradition nach Inbegriff der pastoralen Verantwortung des ordinierten, berufenen und in die jeweilige Gemeinde eingeführten Amtsträgers. Und dies verbindet auf Seiten des Predigenden sein seelsorgerliches und verkündigendes Handeln miteinander: Gefragt ist, sich «dem Predigttext so [zu] nähern wie ein Seelsorger seinem Gegenüber, mit der gleichen Aufmerksamkeit, mit der gleichen Empathie.»[25] Dies bedeutet, sich die faktische Macht der asymmetrischen Redesituation ebenso klar zu machen wie die mit diesem Privileg unabdingbar verbundene Verpflichtung: So gilt auch für den Predigenden, dass er weit über sich selbst hinaus als «soziales Organ» hervortritt, «das ungeordnete Kräfte mit kommunikativer Energie neu strukturiert, neu ausrichtet, auch zur Handlung leitet.»[26]

---

[24] Vgl. *Käbisch*, Praktisch-theologische Problemstellungen.

[25] *Bukowski/Kasparick*, Zum Predigen ausbilden, 26.

[26] *Knape*, Was ist Rhetorik?, 32. Die herausgehobene Rolle des Redners bzw. die «einzelmenschliche Oratorperspektive» auf die Knape zu Recht verweist (vgl. a. a. O., 34f.), ist aus

Gefordert ist damit auch die je individuelle Bereitschaft zur theologischen Rechenschaft sich selbst und der ganzen Gemeinde gegenüber. Somit ist der Anspruch auf eine attraktive öffentliche Rede vom Bemühen um eine möglichst professionelle Redekunst – im Sinn der theologischen Haltung und Auskunftsfähigkeit – nicht zu trennen. Angesichts der erheblichen Dynamiken und auch der vielfältigen Konkurrenzphänomene einer um Aufmerksamkeit bemühten medialen Dauer-Beredung ist es jedenfalls unvermeidlich, sich der reformatorischen Kernaufgabe profilierter öffentlicher Rede immer wieder neu zu stellen. Ein solches ansprechendes routiniertes Reden ist jedenfalls etwas grundsätzlich anderes als die allseits bekannte rednerische Routine, die dann zum Vorschein kommt, «wenn Sätze in den Dienst eines geschlossenen Systems gestellt werden.»[27]

Um hier nicht in die Falle einer vermeintlich allzu selbstverständlichen oder allzu mundgerechten Praxis zu laufen, bedarf es im wahrsten Sinn des Wortes des professionell wachen und aufmerksamen Geistes. Ist dies hingegen nicht der Fall, kann nicht ausgeschlossen werden, dass die spezifische Tradition und der besondere Ort theologischer Rede je länger, desto stärker an Glaubwürdigkeit, Plausibilität und Nachvollziehbarkeit verlieren. Damit liefe dann aber alle theologische Rede Gefahr, alsbald nur noch als Randphänomen öffentlicher akademischer, gesellschaftlicher und kirchlicher Kommunikationsprozesse wahrgenommen zu werden. Wie sich diese gleichsam homiletischen «Haltungs»-Fragen im Einzelnen durchbuchstabieren, wird im weiteren Gang der Studie konkretisiert.

---

meiner Sicht gerade für die Predigtperson aus theologischen Gründen intensiv zu reflektieren.

[27] *Moser*, Mit Altem Neues schaffen, 130.

5. Differenzierungen

Bisher wurde nur relativ allgemein angedeutet, weshalb der Begriff der Aufmerksamkcit für diese homiletische Skizze bestimmend sein soll – vielleicht wurde er schon insofern über Gebühr gebraucht, als sein Bedeutungsgehalt noch kaum systematisch angesprochen wurde. Was rechtfertigt also nun eine solche herausgehobene Position, was ist der Mehrwert dieser Fokussierung und in welchem Sinn ist dieser Begriff auch in interdisziplinärer Hinsicht besonders anschlussfähig für die aktuellen homiletischen Herausforderungen? Um dies näher erörtern zu können, ist zuerst in differenzierter Weise zu fragen, was überhaupt das Besondere des Begriffs ausmacht – dies erfordert wiederum eine Annäherung aus sehr unterschiedlichen Perspektiven.

5.1 Semantische Differenzierungen

Man kann zuerst einmal intuitiv davon ausgehen, dass die Verwendung des Begriffs «Aufmerksamkeit» alltagssprachlich unmittelbar nachvollziehbar und verständlich ist. Auf das erste Hören hin sind der Begriff selbst und die weiteren «Angehörigen» der Wortfamilie durchweg positiv besetzt. Spontane Aufmerksamkeit ist schon im alltäglichen Leben gefragt und geschätzt, wie das Grimmsche Wörterbuch anmerkt: «Es gehört unter die lobenswürdigen aufmerksamkeiten (franz. attentions), dasz wir uns schnell bücken, wenn jemand etwas aus der Hand fallen läszt und es eilig aufzuheben versuchen.» (Goethe)[1]

Wesentlich ist die grundsätzliche Bestimmung, dass Aufmersamkeit «elementare Voraussetzung für Wahrnehmung und Erkenntnis»[2] ist. Allerdings kann, was auch für die religiöse Rede zu beachten sein wird, «der Orator keinesfalls davon ausgehen, dass Aufmerksamkeit automatisch vorhanden ist, da diese nach dem ‹ökonomischen Prinzip› funktioniert und nicht verschwendet werden darf.»[3]

Im Wort selbst lassen sich vom Englischen her zwei Wortbedeutungen identifizieren: zum einen *awareness* als «Zustand der wachen Achtsamkeit», zum anderen *attention* als das «gezielte Achtgeben.»[4] Das Aufmerksamsein kann näher als «zugewandte und zugleich wach daseiende Geistesgegen-

---

[1] Art. aufmerksamkeit, *Deutsches Wörterbuch*.
[2] *Seebert*, Art. Aufmerksamkeit, 59.
[3] Ebd.
[4] *Franck*, Ökonomie der Aufmerksamkeit, 28f.

wart»[5] beschrieben werden. Im Blick auf die zwischenmenschliche Begegnungs- und Beziehungsebene bedeutet dies: Wem Aufmerksamkeit zugeschrieben wird, der ist weder aufdringlich noch insistierend, der ist nicht einfach neugierig, überpräsent oder rückt einem gar zu nahe.

Wem aufmerksames Zuhören zugesprochen wird, der ist bei der Sache und in einer besonderen Weise in der konkreten Begegnung präsent. Wer im Verhältnis zum Anderen aufmerksam ist, bringt Zeit und Sympathie mit sich. Wer in diesem Sinn Aufmerksamkeit aufbringt und den Anderen wenigstens für eine gewisse Zeit in den Blick rücken lassen, kann offenkundig auch einmal von sich selbst absehen.

Natürlich gibt es auch strategische und funktionale Gründe, dem Anderen gegenüber Aufmerksamkeit entgegenzubringen, etwa um damit Raum für die Durchsetzung eigener Interessen zu schaffen. In einem solchen Fall ist Aufmerksamkeit in erheblichem Maß zweckgebunden und dient vor allem der Verfolgung eigener Ziele. Eine scheinbar aufmerksame Grundhaltung dem Anderen gegenüber stellt dann kaum mehr dar als das Durchgangsstadium zur Erfüllung eigener Bedürfnisse.

Die Zuschreibung eines wirklich aufmerksamen Handelns ist hingegen stark mit der Grundbereitschaft verbunden, dem Anderen tatsächlich um seiner selbst willen sowie in empathischer und solidarischer Weise begegnen zu wollen – und dies nicht nur im theoretischen Sinn, sondern durch tatsächliche aktive Formen der Begegnung und der wechselseitigen Kommunikation.

Durch diese knappen Näherbestimmungen soll Aufmerksamkeit im hier gebrauchten Sinn sowohl vom Begriff der Achtsamkeit wie dem Begriff der Anerkennung unterschieden, wenn auch nicht gänzlich getrennt verstanden werden.

Achtsamkeit kann zwar Signatur für eine bestimmte Wahrnehmung des Anderen sein, in der von der prinzipiellen Bedeutsamkeit jedes einzelnen Subjekts ausgegangen wird und das Gegenüber in seinem Subjektsein und in seiner Bedürftigkeit achtsam wahrgenommen wird. Eine Haltung der Achtsamkeit liegt dann in der grundlegenden Wahrnehmungsbereitschaft des Anderen im Sinn eines sensiblen und empathischen Grundgefühls. Eine solche Grundhaltung kann sich natürlich auch auf die eigene Person im Sinn der Achtsamkeit sich selbst gegenüber beziehen. Diese Bedeutungszuschreibung wird etwa erkennbar, wenn «achtsames Hören» gefasst wird als «eine Achtung, Respekt und Sensitivität ins Spiel bringende Hörleistung bzw. -qualität, bei der das Hören sich auf ein feines Tuning und Beachten der eigenen und fremden Befindlichkeiten und Empfänglichkeiten einstellt. Dabei ist das

---

5   A. a. O., 30.

Hören als ein Raum des feinen Empfindens und Empfangens markiert. Das ‹Feinfühlige›, das im klassisch-romantischen Hörcolorit verborgene Hinhören und Achtsamsein ist hier im Mittelpunkt.»[6] Achtsamkeit erscheint allerdings für den vorliegenden Predigtzusammenhang als ein gleichsam zu «weicher» Begriff. Denn die Bereitschaft zur Achtsamkeit bedeutet nicht unbedingt, dass man auch im je konkreten Moment zum tatsächlichen Kontakt oder zur «echten» Begegnung mit dem Anderen bereit sein muss. Achtsamkeit spielt, wenn man so unterscheiden will, auf eine bewusste Bereitschaft zur Wahrnehmung des Nächsten bzw. auf den entsprechenden Appell an, ohne dass sich diese notwendigerweise in einer erkennbaren Aktivität dem Nächsten gegenüber manifestieren muss. In der Signatur der Achtsamkeit kommt gleichsam die konkrete «wache» und aktive Wahrnehmung im oben angedeuteten Aufmerksamkeitssinn noch nicht ausreichend zum Vorschein.

Der Begriff der *Anerkennung* hat im Vergleich zur Aufmerksamkeit einen deutlich stärker rechtsphilosophisch und gesellschaftstheoretisch relevanten Charakter. Anerkennung als juristischer Terminus bezieht sich auf den Schutz bzw. die Schutzwürdigkeit und die damit verbundene Perspektive auf jede einzelne Person.[7] Die Rede von Anerkennung in ihren Formen von Liebe, Recht und Wertschätzung lässt sich als starke und verlässliche Wahrnehmungsmöglichkeit individuellen Lebens ansehen. Zugleich hat Anerkennung unter den drei genannten Begriffen die stärkste Konnotation zu einem eher an kollektiven Zuschreibungen orientierten Verständnis der unverlierbaren Würde und unbedingten Schutzwürdigkeit der einzelnen Person. Allerdings ist der Weg von der Rede von Anerkennung bis hin zur Wahrnehmung einzelner Personen *in concreto* unter Umständen weit. Damit droht dann ein eher abstrakter Wortgebrauch, selbst wenn sich mit der begrifflichen Fassung ein anerkennungstheoretisches Konzept der Sittlichkeit verbindet.

Während Achtsamkeit und Anerkennung letztlich erst einmal als begriffliche Konstrukte angesehen werden können, eröffnet die Rede von der Aufmerksamkeit durch ihre Nähe zur konkreten Kommunikations- und Handlungsdimension am stärksten eine Möglichkeit der Resonanz und Rückkoppelung beim Gegenüber. Während insbesondere Anerkennung meist auf einen dezidierten Willensakt anspielt, kann Aufmerksamkeit zwar ebenfalls intendiert und sogar geplant sein, wird aber im vorliegenden Zusammenhang als ein letztlich nicht vollständig planbarer Akt gekennzeichnet. In

---

[6] *Nisslmüller*, Homo audiens, 349f.
[7] Vgl. *Honneth*, Kampf um Anerkennung, und dazu aktuell *Honneth/Lindemann/Voswinkel* (Hg.), Strukturwandel der Anerkennung.

Achtsamkeit kann man sich – wenigstens in gewissem Sinn – einüben und um die eigene Bereitschaft der Anerkennung kann man sich selbstverständlich bemühen. Aufmerksamkeit stellt demgegenüber ein von mir selbst *und* vom Anderen her qualifiziertes Wahrnehmungs- und Begegnungsgeschehen dar, in dem sich das eigene Entgegenkommen mit der Aufmerksamkeit des Anderen verbinden kann. Man könnte sogar so weit gehen, dem Aufmerksamkeitsbegriff im Vergleich zu Achtsamkeit und Anerkennung das vergleichsweise höchste Dialogpotenzial zuzutrauen. Und schließlich kommen im Begriff der Aufmerksamkeit der nicht bis ins Letzte hinein planbare Moment der jeweiligen Begegnung sowie der unverfügbare Ausgang dieser Begegnung am sinnfälligsten zum Ausdruck.

5.2 Phänomenologische Differenzierungen

Nun ist es nicht nur diese alltagssprachliche Verwendungs- und Anknüpfungsfähigkeit, sondern die besondere Erschließungskraft, die den Begriff der Aufmerksamkeit homiletisch fruchtbar zu machen verspricht. Es eröffnet sich nämlich in diesem und durch diesen Begriff ein Horizont, der über aktive Wahrnehmungs- und Begegnungsvorgänge auf Seiten des Individuums deutlich hinauszugehen vermag. Wenn davon gesprochen wird, dass Aufmerksamkeit zwischen «Auffallen und Aufmerken»[8] steht, wird darin bereits angedeutet, dass es sich hier um die Signatur handelt, die sich in besonderer Weise durch Phänomene von Aktivität und Passivität auszeichnet.

«Aufmerksamkeit» lässt sich von dort her als ein «Zwischengeschehen» bestimmen, das «weder in objektiven Daten noch in subjektiven Akten einen zureichenden Grund findet.»[9] Die aufmerksame Grundperspektive besteht vielmehr in einer «Urpassion» als «Getroffensein […], das sich den gebräuchlichen Schemata von Spontaneität und Rezeptivität, von Aktion und Passion entzieht.»[10] Ein solches Geschehen bildet sich zu einer «Aura der Aufmerksamkeit», insofern «jeder An-ruf und jeder An-blick aus einer Ferne kommt, die der Nähe nicht widerspricht, sondern ihr im doppelten Sinn des Wortes ent-springt, als Ruf und Blick, der von anderswoher kommt.»[11]

Im Grundphänomen der Aufmerksamkeit verschränken sich somit Aktivität und Passivität im Sinn der Antwort auf das, was sich ereignet, indem dem Menschen etwas entgegenkommt. Aufmerksame Wahrnehmung beinhaltet folglich immer auch, dass wir «durch etwas überrascht werden, das wir gar

---

8 *Waldenfels*, Phänomenologie, 12.
9 A. a. O., 137.
10 A. a. O., 41.
11 A. a. O., 267.

nicht oder so nicht erwartet haben.»[12] Was aufmerken, aufhorchen oder auch aufschrecken lässt, ist «das Unerwartbare im Erwarteten.»[13]

Damit umfasst eine solche individuelle Haltung der Aufmerksamkeit die Bereitschaft, sich aufmerksam machen zu lassen bzw. aufmerksam gemacht zu werden – und dies unter der Prämisse, dass «das Finden selbst [...] weder zu haben noch zu erlernen ist.»[14] Dafür gilt dann aber, dass nicht der willentliche Akt, sondern die Weckung von Aufmerksamkeit und die Antwort darauf die entscheidende Erfahrung darstellt. In der aufmerksamen Erfahrung lasse ich «mir etwas entgegenkommen, denn einem Gegenstand, der meiner Vergegenständlichung entstammt, wohnt letzten Endes keine Initiativkraft mehr inne.»[15]

Im Geschehen der Aufmerksamkeit eröffnet sich sowohl eine Dimension des Neu-Entdeckens wie auch des Neu-Entdeckt-Werdens. Im Akt der Aufmerksamkeit ist nicht nur der Andere als Gegenüber zu entdecken, sondern durch dieses Geschehen wird zugleich eine existenzielle Selbsterfahrung möglich. Hier zeigt sich nochmals deutlicher, wie für den Begriff der Aufmerksamkeit in besonderem Maß der Aspekt der Unverfügbarkeit mit im Spiel ist.

Auch Aufmerksamkeit kann natürlich eingeübt und gepflegt werden. Letztlich ist aber im Moment des Geschehens selbst auf ein Gelingen zu hoffen, das seinerseits zwar angebahnt, aber vom Redenden nicht erzeugt werden kann. Denn würde dieses Gelingen verfügbar gemacht werden können, bekäme alle Aufmerksamkeitserzeugung einen tendenziell entmündigenden und manipulativen Charakter.

Von hier aus kann nun auch der Zusammenhang zur homiletischen Reflexion noch deutlicher gemacht werden: Denn für ein solches erfahrbares Zwischengeschehen des Entgegenkommens sind unterschiedliche mediale «Zwischeninstanzen, die Erfahrung ermöglichen»[16], unbedingt notwendig, seien es nun wesentliche Erfahrungen des Schauen oder Hörens oder der eigenen Leibwahrnehmung. Auch für die damit verbundenen Medien gilt, dass sie eine eindeutige Vermittlung gerade nicht garantieren, sondern die menschliche Fassungskraft geradezu sprengen: «Der fremde An-blick reduziert sich nicht auf eine geregelte Folge von Ansichten, er sprengt jede Perspektivi-

---

[12] A. a. O., 108.
[13] A. a. O., 92.
[14] A. a. O.,109.
[15] A. a. O., 80.
[16] A. a. O., 137.

tät.»[17] Dies wird für die spätere homiletische Reflexion wieder in Erinnerung zu rufen sein.

5.3 Medientheoretische Differenzierungen

Nimmt man gegenwärtige Medienanalysen und -theorien zum Aufmerksamkeitsthema zur Kenntnis, dann findet sich hier eine praktisch einhellige Rede von hochkomplexen, konkurrenzhaften, sinnstiftenden Akteuren und Institutionen, die allesamt erhebliche Anstrengungen unternehmen müssen, um für ihre Botschaft oder ihr Produkt überhaupt noch Aufmerksamkeit erzeugen zu können.

Ganz im Sinn der Rede «the medium is the message» wird dabei die Attraktivität des eigenen Angebots als stark abhängig von der äußeren Präsentations- und Kommunikationsform angesehen. Angesichts der Unübersichtlichkeit und des permanenten Zugriffs auf ein komplettes Waren- und Sinnstiftungsangebot sind die potenziellen Konsumenten mit erheblichen Reizen zu bedienen, damit das jeweilige eigene Angebot überhaupt noch aus der Masse der Angebote heraussticht und als besondere Möglichkeit wahrgenommen wird.

Die gegenwärtigen, offenbar immer kürzer werdenden Spannungsbögen von Aufmerksamkeit stellen dabei nun einen der wesentlichen und unhintergehbaren Ausgangspunkte für alle medial werbende Kommunikation dar. Offenkundig braucht es Kürze, Prägnanz und auch die Bereitschaft zur Vereinfachung und Überzeichnung, damit überhaupt noch Aufmerksamkeit erregt werden kann.

Natürlich gibt es gegenwärtig auch stärker werdende Gegenbewegungen gegen diesen Aufmerksamkeitserregungshype, die unter dem Stichwort eines «Slow» gerade um Entschleunigung und neue Konzentration auf das Wesentliche bemüht sind – oftmals bewusst gepaart mit dem spiritualitätsoffenen und hoffnungsvollen Verweis auf einen gelingenden «Flow». Um es konkreter zu machen: Dass gerade ein langsames, detailgetreues literarisches oder filmisches Schildern für bestimmte Leser und Zuschauer besondere Spannung erzeugt, dass gerade die Fokussierung auf einzelne Eindrücke zu verdichteten Momenten führt, ist unbestritten. Die Frage ist allerdings, wie verbreitet Seh- und Hörgewohnheiten, die solche Wahrnehmungserlebnisse ermöglichen, überhaupt noch sind und ob diese noch in ausreichendem Maß eingeübt werden. Es hat doch den Anschein, als ob die Taktungen der Warenwelt inzwischen alle Formen individueller Konsumwahrnehmung wesent-

---

[17] A. a. O., 223.

lich prägen, so dass der Ruf nach aufmerksamer Entschleunigung für viele eher Nervosität erzeugt als attraktiv wirkt.

Es wäre nun, wie bereits oben angedeutet, ein Leichtes, solche Entwicklungen aus der Warte einer fundamentalen praktisch-theologischen Kulturkritik zu betrachten. Und tatsächlich wird häufig in entsprechenden elitären und auch kirchlichen Kreisen die Mediengesellschaft überhaupt unter das Verdikt der prinzipiellen Oberflächlichkeit gestellt. Dass schon allein der Versuch, sich in solchen Konkurrenzsituationen möglichst klug über Wasser zu halten, als marktschreierisch gilt, wird den Herausforderungen der medialen Märkte und ihrer Akteure allerdings kaum gerecht. Insofern ist eine solche Attitude wenig anschlussfähig an die gegenwärtige Mediengesellschaft und die Selbstwahrnehmung ihrer Protagonisten. Von daher erscheinen, um es hier vorwegzunehmen, allzu rasche theologische Anklagen – so sinnlos wie ignorant und im Einzelfall auch schlichtweg unangemessen und ungerecht.

Dass man sich damit im Sinn öffentlicher Theologie gleichwohl ausgesprochen kritisch gegenüber allen vereinnahmenden Marketingstrategien zeigen muss, ist damit ja nicht ausgeschlossen, sondern gerade notwendig: So ist der warnende Hinweis durchaus angebracht, dass «gerade im Zeitalter massenmedialer Redekultur [...] protestantische Nüchternheit und eine traditionelle Sparsamkeit der rhetorischen und dramaturgischen Mittel im Recht»[18] bleiben. Und diese Notiz ist ihrerseits nochmals in einem weiteren Sinn theologisch grundiert, was seinerseits Kriterien für die Predigt unter den gegenwärtigen Bedingungen eröffnet: «Der Protestantismus bleibt auch in Zukunft dem Wort näher als dem Bild.»[19]

Die homiletische Reflexion sollte die Anliegen und Strategien öffentlicher Sinnstiftungsakteure jedenfalls intensiv wahrnehmen – und sich übrigens im Rahmen der persönlich vertretbaren und institutionell legitimen Möglichkeiten davon durchaus auch inspirieren lassen: Das bedeutet «keine Realverweigerung gegenüber Visualisierungen – aber doch die Fähigkeit zur Auswahl, zur Distanz und zur Kritik.»[20]

5.4 Psychologische Differenzierungen

Im Kontext psychologischer Grundbestimmungen fallen nun die kategorialen Zuschreibungen wesentlich anders und deutlich technischer aus: Demzufolge wird «Aufmerksamkeit» etwa im Sinn von *attention* als «aktive oder passive

---

18   *Albrecht*, Kasualtheorie, 260.
19   *Schibilsky*, Kirche in der Mediengesellschaft, 71.
20   Ebd.

Wahrnehmungsbereitschaft mit willkürlicher oder unwillkürlicher Ausrichtung des Bewusstseins auf einen bestimmten gegebenen oder erwarteten Ausschnitt aus dem gesamten Wahrnehmungsfeld bezüglich äußerer od. innerer Vorgänge od. Objekte»[21] bezeichnet.

Vor dem Horizont solcher rationalistischen Bestimmungen kommen Aufmerksamkeitsphänomene insbesondere innerhalb kognitionspsychologischer Forschung nochmals in ganz eigener Weise in den Blick. Von Aufmerksamkeit ist hier im Zusammenhang der Beschreibung von Wahrnehmung und Wahrnehmungsselektivität etwa bei Informationsverarbeitungsprozessen die Rede. Bei Aufmerksamkeit handelt es sich um ein einerseits zwar komplexes, andererseits aber durchaus im Modus von Wahrnehmung, Reizerzeugung und Reaktion beschreibbares Phänomen. Aufmerksamkeit kann durch Reize erzeugt und dann auch gemessen werden, was dann als *alertness* im Sinn einer Aufmerksamkeitsaktivierung bezeichnet wird.[22]

Die jeweilige Aufmerksamkeitserregung führt dabei zu einem Bündel körperlicher und psychischer Reaktionen und nimmt insofern ganzheitliche Gestalt an. Aufmerksamkeit zeigt sich dann nicht nur in der Fähigkeit, bestimmte Eindrücke zu rekapitulieren, sondern sich schon in der Körperhaltung, in Gestik und Mimik, aber auch in Pulsschlag und Herzfrequenz. In diesen unterschiedlichen und komplexen Reaktionen spiegelt sich gleichsam der je individuelle Zugang von Körper, Geist und Seele zur eigenen Lebenswelt in deutlicher Weise wider.

Die Selektion unterschiedlicher Wahrnehmungen kann entweder durch die individuell vorhandenen Kapazitäten oder durch eine bewusste Tätigkeit gesteuert sein.[23] Zum einen sind die je individuelle Prägung und entsprechende Vorerfahrungen wesentlich dafür, welche Reize für bedeutsam und wesentlich gehalten werden. Zum anderen erzeugen aber jenseits von individuellen Prägungen bestimmte Reize bei konkreten Probanden identische oder zumindest sehr ähnliche Assoziationen und Reaktionen. Dies gilt insbesondere dann, wenn in konkreten Versuchsanordnungen etwa Bilder von Leid, Tod und Gewalt gezeigt werden oder vice versa auch Bilder etwa harmonischer oder romantischer Naturlandschaften. In solchen Reaktionen wird deutlich, dass die Wahrnehmung sowohl von individuellen Vorerfahrungen wie auch von den bestehenden kulturellen Kontexten mitgeprägt ist.

Überhaupt kann man in entsprechenden begrifflichen Fassungen den Eindruck gewinnen, die jeweilige Versuchsperson sei aufgrund dieser Rahmen-

---

[21] Art. Aufmerksamkeit, 78.
[22] Vgl. Art. Aufmerksamkeitsaktivierung, 79.
[23] Vgl. *Ansorge/Leder*, Wahrnehmung und Aufmerksamkeit, 17f.

bedingungen überhaupt nicht mehr Herr im eigenen Haus und jeglicher attraktive Suggestionsversuch müsse zur mehr oder weniger willenlosen Annahme führen. Eine bestimmte Aufmerksamkeitsspannung führt dann selbst zu einer mobilisierenden und intensivierenden Wirkung und «ermöglicht eine qualitative und quantitative Verdichtung des kognitiven Leistungsvermögens und kann einem Wahrnehmungs- und Denkprozess größere Klarheit und Intensität verleihen.»[24] Von dort aus werden dann Formen einer gezielten Aufmerksamkeitssteuerung in technischer Art und Weise für durchaus möglich – und vielleicht ja sogar für prinzipiell wünschenswert! – gehalten.

Dass sich hier inzwischen intensive Forschungsbündnisse von Ökonomie und Psychologie entwickelt haben, die genau diese Mechanismen der «wirkmächtigen» Selbst- und Fremdsteuerung durch entsprechende Aufmerksamkeitsexperimente erforschen, dürfte jedenfalls alles andere als zufällig sein. Manche Überlegungen von psychologischer Seite erwecken dann geradezu den Eindruck, als ob sich erwünschte Aufmerksamkeitsreaktionen gleichsam passgenau durch ein entsprechendes Repertoire an Reizen erzielen ließen und im Umkehrschluss eine willentliche Eigensteuerung des Subjekts bewusst unterbunden werden könnte. Eine Reduktion auf den Aufmerksamkeitssinn in Gestalt des kognitiven Leistungsvermögens zeigt somit nicht nur den eingeschränkten Bestimmungshorizont der entsprechenden Forschungsansätze, sondern macht auch die kritisch-aufmerksame Wahrnehmung in gesellschaftspolitischer Perspektive unbedingt notwendig.

Denn es scheint doch fraglich, ob bestimmte geistige Vorgänge wirklich in technischem Sinn nur als Informationsverarbeitungsprozesse bezeichnet werden oder den einzelnen Aufmerksamkeitsaktivitäten kognitionsneurowissenschaftlich mehr oder weniger eindeutige hirnphysiologische Korrelate zugeschrieben werden sollten.[25] Die kommunikative und dialogische Seite einer wechselseitigen Aufmerksamkeitsdynamik, hinter der letztlich auch das erhebliche Zutrauen in den freien Willen der Subjekte steht, tritt hinter einer solchen technisch anmutenden Grundperspektive unverhältnismäßig stark zurück.[26]

5.5 Pädagogische Differenzierungen

Innerhalb der pädagogischen Diskussion nimmt der Aufmerksamkeitsbegriff eine wesentliche Funktion für die Frage der Bereitschaft der Schülerinnen

---

[24] Art. Aufmerksamkeit, 78.
[25] Vgl. *Ansorge*/Leder, Wahrnehmung und Aufmerksamkeit, 35f.
[26] Zur klugen theologischen Kritik an deterministischen Konzepten in Verbindung mit der Frage der Predigttätigkeit vgl. auch *Härle*, Hirnforschung und Predigtarbeit.

und Schüler zur Wahrnehmung und Verarbeitung präsentierter Inhalte innerhalb des Unterrichts ein. Damit steht aber gegenwärtig bereits schon eine Verengung dessen im Raum, was längst schon als prinzipielle Fähigkeit von Kindern seine eindrückliche Beschreibung gefunden hat: Aufmerksamkeit zu wecken bzw. zu ermöglichen ist nicht weniger als der Schlüssel zur inneren Ordnung und zur freien Selbstbildung jedes Kindes. Damit handelt es sich um die zentrale Perspektive für alles pädagogische Handeln und Geschehen: Es geht darum, «diese kostbaren Augenblicke der Konzentration zu erkennen, um sie beim Unterricht in Lesen, Schreiben, Rechnen, später in Grammatik, Mathematik und Fremdsprachen auszunützen.»[27] Von daher gibt es im Sinn einer «Polarisation der Aufmerksamkeit» nur die eine Art des Lehrens, nämlich «tiefstes Interesse und damit lebhafte und andauernde Aufmerksamkeit bei den Schülern zu erwecken.»[28]

Diese anthropologisch fundierte und mit grundlegenden Erziehungsidealen verbundene Einsicht scheint sich in den gegenwärtigen pädagogischen Debatten nun allerdings mehr und mehr auf eine Art der technischen Verfeinerung des Unterrichtsgeschehens zu reduzieren. Soll die Vermittlung von Lehr- bzw. Unterrichtsinhalten möglich sein, wird ein hohes Maß an erkennbarer, gleichsam disziplinierter Aufmerksamkeit für unbedingt notwendig erachtet.[29]

Insofern verwundert es kaum, dass mangelnde Aufmerksamkeit sogleich als bedrohliches Defizit nicht nur für die einzelne Schülerin und den einzelnen Schüler, sondern für ganze Klassenverbände und Schulen angesehen wird. Offenbar kommt es bei Aufmerksamkeitsmängeln Einzelner nicht selten zu hysterischen und unverhältnismäßigen Reaktionen, die eine eigenartige Unsicherheit über individuelle Wesensäußerungen und nur geringes Vertrauen in eigenständige Orientierungsleistungen offenbaren. Das Kriterium der Aufmerksamkeit legitimiert dann aber paradoxerweise gerade den reduzierten, medizinisch fokussierten Blick auf die Ausdrucksbedürfnisse einzelner Kinder und Jugendlicher.

Allerdings findet sich innerhalb der pädagogischen Debatte auch eine deutlich tiefer gehende Auseinandersetzung mit der Sachthematik wieder. Aufmerksamkeit hat eine eminent bildungsbezogene und bildungstheoretische Seite. So lässt sich etwa von der gegenwärtigen Kompetenzdebatte her zwischen kognitiven, affektiven und habituellen Aspekten von Aufmerksam-

---

[27] *Montessori*, Das Kind in der Familie, 59.
[28] Ebd.
[29] Vgl. *Greiten*, Zur Aufmerksamkeit erziehen, 28–31; *Schmid-Peters*, Mit Training, und grundsätzlich *Rapp*, Aufmerksamkeit und Konzentration.

keit unterscheiden, was dann wiederum den ganzheitlichen Charakter des Phänomens auch im pädagogischen Kontext anzeigt. Demzufolge sind dann auch die entsprechenden Unterrichtsprozesse darauf hin zu planen, welche Form aufmerksamer Wahrnehmung jeweils angesprochen und auch gefördert werden soll. Dies ist natürlich alles andere als eine neue Erkenntnis: Die «Ausbildung unseres Vermögens zur Aufmerksamkeit [ist] das wahre Ziel des Studiums und beinahe das Einzige, was den Unterricht sinnvoll macht.»[30]

Zudem wird es für einen qualitätsvollen Unterricht als notwendig erachtet, die je spezifischen Bedingungen und Möglichkeiten der Schülerinnen und Schüler mit zu bedenken. Das zu Recht hochgehaltene Prinzip differenzierenden Unterrichts lässt sich damit auch auf diesen Aspekt einer aufmerksamkeitsorientierten Pädagogik beziehen. Sondiert werden hier die möglichen Spielarten, «sich der Welt respektvoll, mit inständiger Aufmerksamkeit zu nähern, lernend und lehrend.»[31] So können Erfahrungen einer Präsenz des eigenen Selbst möglich werden, «wie sie die Alltagszeit mit ihren Beschleunigungs- Koordinierungs- und Kontrollzwängen nicht hergibt.»[32] Diese pädagogischen Orientierungen sind innerhalb der homiletischen Reflexion in vielfacher Hinsicht zu bedenken, gerade dort, wo sie alle Konnotationen zu einsinnigen Disziplinierungsmaßnahmen hinter sich lassen.

An der Frage wechselseitig vorhandener Aufmerksamkeit wird deutlich gemacht, dass ein erfolgreicher Unterricht wesentlich auch von der Fähigkeit und Bereitschaft aller Akteure zum dialogischen Austausch abhängt. Damit verbindet sich die weitergehende Forderung einer schulischen Aufmerksamkeitskultur. Dahinter steht die Überzeugung, dass Schülerinnen und Schüler eben nicht nur von den Erfahrungen im konkreten Klassenverband geprägt werden, sondern sehr genau wahrnehmen, wie sich die Schule als ganze in ihren Kommunikationsverhältnissen nach innen und nach außen zeigt. Eine solche schulische Kultur erweist sich dabei zum einen in der thematischen Ausrichtung von schulischen Aktivitäten und Projekten, zum anderen ebenso stark in den institutionellen Formen, in denen die Kommunikation zwischen den Akteuren von Schulleitung, Kollegium, weiteren Mitarbeitenden, Eltern- und Schülerschaft initiiert und befördert wird.

So zeigt sich auch in dieser pädagogischen Dimension von Aufmerksamkeit eine wesentliche Bedeutung der institutionellen Dimension wechselseitiger Kommunikation: Kurz gefasst ist es eben nicht hinreichend, auf die mögliche und notwendige Aufmerksamkeitspraxis nur in einer lediglich individuellen

---

[30] *Weil*, Aufmerksamkeit für das Alltägliche, 77.
[31] *Rumpf*, Diesseits der Belehrungswut, 12.
[32] A. a. O., 195.

Perspektive hinzuweisen. Vielmehr sind gerade die äußeren und größeren Rahmenbedingungen entscheidend dafür, dass sich überhaupt Prägekräfte für eine wechselseitige Aufmerksamkeitspraxis bilden und entfalten können. Diese institutionelle Dimension sei schon hier angedeutet, weil sie auch für die Frage einer aufmerksamkeitsorientierten Predigtpraxis von wesentlicher Bedeutung ist.

5.6 Rhetorische Differenzierungen

Der Aspekt der Aufmerksamkeit stellt kaum überraschend auch für die rhetorische Praxis ein wichtiges Orientierungsmoment dar.[33] Die Erzeugung von Aufmerksamkeit bildet eine rhetorische Grundtugend schlechthin. Für Augustin liegt die Aufgabe der christlichen Rede darin, Verständnis zu wecken, Aufmerksamkeit zu erregen und Gehorsam zu finden.[34] Für die antike Rede gilt generell: «Durch die Ankündigung des Redners zu Beginn der Rede, ‹er werde über große, neue und unglaublich scheinende Dinge sprechen, die alle [...] den Staat und die unsterblichen Götter angehen›, wird den Zuhörern der Glaube vermittelt, dass es im Folgenden um die eigenen Belange und Interessen geht.»[35]

Aufmerksamkeit im Sinn der *attentio* stellt sich dann ein, wenn es der Rednerin gelingt, beim Hörenden Aufmerksamkeit für das Gesagte zu wecken, sich den vermittelten Inhalten mit allen notwendigen Sinnen zu widmen und sich auf das Dargelegte möglichst umfassend einzulassen.

Wie nun diese Bereitschaft näher beschaffen ist und beschrieben werden kann, erschließt sich durch mögliche Bezeichnungen ihres Gegenteils, der Unaufmerksamkeit, die ihrerseits in vielfältiger Weise rhetorisch in das Blickfeld tritt. Es kann sich dabei um pure Nachlässigkeit, um mehr oder weniger bewusste Langeweile, im stärksten Fall um dezidierte Ignoranz handeln – wobei das letztgenannte Verhalten interessanterweise auch den höchsten Grad an Aufmerksamkeit anzunehmen vermag.

In jeder dieser Facetten ist mit einer Art der eingeschränkten oder ganz fehlenden Aufmerksamkeit für das Redegeschehen, vielleicht sogar mit einer Art der geistigen Abwesenheit und damit auch mit einer Vernachlässigung oder Abwertung des redenden Gegenübers zu rechnen. Die Klage über die Nichtbeachtung der Rede verbindet sich von daher konsequenterweise mit dem Vorwurf der Missachtung des Inhalts sowie der Rednerin selbst.

---

33 Vgl. *Möller*, Ciceros Rhetorik.
34 Vgl. *Weyel*, Predigt, 629.
35 *Wessel*, Attentum parare, 1161.

Insofern steht hinter einer solchen Klage über fehlende Aufmerksamkeit innerhalb der rhetorischen Theorie die Befürchtung des gänzlichen Verlusts der Wahrnehmungs- und Dialogbereitschaft unter den beteiligten Akteuren. Erfahrungen dieser Art haben jedenfalls die rhetorischen Anleitungen schon immer mitbestimmt und die Frage nach der möglichen Erzeugung und Erhöhung von Aufmerksamkeit aufgeworfen. Dabei ist die Einsicht vorherrschend, dass zur Aufmerksamkeit jedenfalls nicht mit disziplinären Methoden gerufen werden kann. Vielmehr muss Attraktives angeboten werden, um Aufmerksamkeit zu ermöglichen. Dabei bewegt sich die Kunst feinen Redens als Weckung der Aufmerksamkeit «zwischen den Extremen einer schläfrigen Monotonie, wo nichts mehr auffällt, und der Überwachheit eines Schocks, wo etwas völlig aus dem Rahmen fällt und uns fassungslos macht.»[36] Aufmerksame Rede kann jedenfalls nicht dauerhafte Reizung bedeuten, da dies über kurz oder lang zur Überreizung führt – und damit auf Dauer sogar zu problematischen Routinen als sedimentierten Formen der Aufmerksamkeit.[37]

Diese Einsicht führt zu einer ganzen Reihe unterschiedlicher gleichsam technischer und methodischer Aspekte und Hinweise: So gelte es, Überraschendes und Unerwartetes aufzubieten, einen klaren Spannungsaufbau vorzunehmen, möglichst bildhaft und anschaulich zu formulieren und auch möglichst geeignete Anknüpfungsmöglichkeiten für die Hörenden zu eröffnen.

Diese Vorschläge verbanden und verbinden sich damit, die Hörenden zu involvieren, indem die Ebene der persönlichen Erfahrung, Betroffenheit und Lebenssituation, und damit deren individuelle Gefühls- und Stimmungslage stark angesprochen wird. Ausgegangen wird hier davon, dass erst wenn diese emotionale Ebene bei den Hörenden mit im Spiel ist, auch die Möglichkeit der aufmerksamen Wahrnehmung des Gesagten eintritt. Wer sich hingegen von den gehörten Worten schon gefühlsmäßig nicht tangiert fühlt, werde sich – so die Annahme – dann auch nicht auf eine reflektierte Auseinandersetzung mit dem Vorgetragenen einlassen und schlichtweg alle echte Kommunikation verweigern.

Damit wird allerdings die innerhalb rhetorischer Abhandlungen herausgestellte besondere Stellung der Rede gegenüber anderen Kommunikationsakten keineswegs in Zweifel gezogen. Der Orator hat tatsächlich eine in diesem Geschehen herausgehobene Bedeutung, die sich im wahrsten Sinn des Wortes weder verschweigen noch verbergen lässt. Allerdings liegt meines Erachtens die Pointe der Predigtrede gerade darin, dass sich deren inhaltliche Be-

---

[36] *Waldenfels*, Phänomenologie, 130.
[37] Vgl. a. a. O., 130f.

deutsamkeit nur im unbedingten Miteinander von Redendem und Hörenden herauszukristallisieren vermag.

So zeigt sich im Kontext der rhetorischen Anleitungskunst, dass die wesentliche Voraussetzung für den gelingenden Akt der Aufmerksamkeit von Seiten der Hörenden darin besteht, sich im Kontext der Rede ernst genommen und damit gewissermaßen als Person angenommen und bestätigt zu fühlen. Für die Wahrnehmung des redenden Gegenübers spielt es auch eine wesentliche Rolle, ob darin die eigene Existenz als eine sichere und gesicherte erlebt bzw. als eine solche vom Redenden «zugesagt» werden kann.

Aber auch noch von einer anderen Seite her legt sich eine rhetorische Sicht nahe: Denn gerade für den Aspekt der Aufmerksamkeit ist zu bedenken, dass «jede rhetorische Intervention per definitionem im Agôn, also in einer Wettbewerbskonstellation»[38] steht.

Dies zeigt sich zwar in der Regel im gottesdienstlichen Ereignis nicht direkt, stellt aber eine kaum zu überschätzende Hintergrundfolie allen Predigens dar – ganz abgesehen davon, dass der Stand des Wettbewerbs sich vielleicht schon allein darin zeigt, wie viele Zuhörende sich unter der Kanzel versammeln.

Diese vorgenommenen rhetorischen Differenzierungen haben folglich – und kaum überraschend – im Sinn einer «hermeneutische[n] Theorie religiöser Rede»[39] für alle homiletische Reflexion eine wichtige Orientierungsfunktion.

Nach diesen semantischen, medientheoretischen, psychologischen, pädagogischen und rhetorischen Differenzierungen stellt sich die weitere Frage nach den Spezifika der Predigt als theologisch geprägte, aufmerksamkeitsorientierte Rede. Dafür soll mit grundsätzlichen biblischen und systematisch-theologischen Überlegungen fortgefahren werden.

5.7 Biblische Differenzierungen

Aller biblischen Tradition liegt eine elementar beziehungsorientierte Erfahrung derer zugrunde, die diese überliefert haben. Es gäbe schlichtweg nichts Überlieferungswertes, wenn Menschen nicht die grundlegende Erfahrung gemacht hätten, dass Gott sich ihnen in aller Aufmerksamkeit zugewandt hat. Die Gewissheit der von Gott her begonnenen Beziehung zum Menschen stellt den schlechthinnigen inhaltlichen Legitimationsakt für alle menschliche Verkündigungsdynamik dar. Ohne diese Form der Wahrnehmung des göttli-

---

[38] *Knape*, Kann der Orator tolerant sein?, 52.
[39] *Grözinger*, Rhetorik, 831.

chen Wortes von Seiten des Hörenden wären der Reichtum und die Vielfalt der überlieferten Botschaft kaum nach- und mitvollziehbar. Diese gemeinsame Vergangenheit ist auch wesentlich, «da sich daraus das Bewusstsein einer kollektiven Identität bildet.»[40]

Von dort her zeichnet sich das jüdische und christliche Selbstverständnis im Blick auf die eigene Religion von Beginn an als eine Gewissheit des gemeinsamen Gehörtwerdens und Hörens von Gott her aus. Insofern stellt die biblische Textwelt eine spezifische Deutung der damaligen Wirklichkeit dar, für die der sich offenbarende Gott das Zentrum aller Auslegung ist. Demzufolge steht am Anfang aller theologischen Überlegungen nicht die reflektierte Rede, sondern das Wahrnehmen und emotionsreiche Hören.41 Dem biblischen Überlieferungsverständnis zufolge zeichnet sich das Verhältnis zwischen Gott und den Menschen aber von Beginn an auch durch die Bereitschaft aus, sich wechselseitig Gehör zu schenken. Die biblische und homiletisch anschlussfähige Gewissheit besteht darin, dass diese dialogische Grunderfahrung im Modus der wechselseitigen Aufmerksamkeit durchbuchstabiert und öffentlich zur Sprache gebracht werden kann.

Die An-Rede an die Einzelnen und deren Gerufen-Sein lassen sich als ein fundamentales und existenzielles Geschehen deuten: In der Sprachgebärde des «Hör!» oder «Schau!» verschmilzt «die Aufforderung mit dem Aufmerkenlassen, das Antworten mit dem Aufmerken.»[42] Als Grundappelle gehen diese biblisch vertrauten Anreden von einem «An-spruch und An-blick [aus], der einer fremden Stimme und einem fremden Blick etwas Auratisches, etwas Unnahbares verleiht.»[43]

Die von der Schöpfungsgeschichte ausgehende Aufmerksamkeitszusage Gottes legt den Grund für die Kontinuität der Geschichte Gottes mit den Menschen und ermöglicht ein Grundvertrauen in Gottes Verlässlichkeit. Demzufolge beschreibe die biblische Tradition ein »Ethos des Hörens und Antwortens.»[44] Dadurch erfahren Menschen «immer neu ihre geschöpfliche Existenz. Sie besteht in der bestimmten Aufmerksamkeit auf das, was Gott in seiner Güte für die Menschen will.»[45]

---

[40] *Moser*, Mit Altem Neues schaffen, 126.
[41] Allerdings sind hier alle Ontologisierungen des biblischen Textes nicht unproblematisch, wenn es etwa heißt: «Autoren und Adressaten einer Perikope sind tot. Aber der Text ist immer noch da und spricht uns mehr oder weniger an.» *Josuttis*, In die Gottesgegenwart führen, 87.
[42] *Waldenfels*, Phänomenologie, 266.
[43] Ebd.
[44] *Ulrich*, Wie Geschöpfe leben, 23.
[45] Ebd.

Es kann – so die biblische Grundbotschaft – unbedingt davon ausgegangen und damit gerechnet werden, dass Gott sich dem Aufmerksamkeitsbedürfnis des Menschen selbst im tiefsten Krisenfall nicht entzieht. An dieser Zusage mögen, so die biblische Überzeugung, selbst die dramatischsten Wechselfälle des Lebens nichts Entscheidendes ändern. An der wechselvollen Geschichte kann abgelesen werden, dass Gott in seiner Erwählung und Zuwendung präsent zu bleiben verspricht.

In diesem Sinn leben – um es exemplarisch anzudeuten – die biblischen Geschichten von der Bereitschaft der irdischen und göttlichen Protagonisten, sich auf die jeweiligen Worte und, wenn man so sagen will, Befindlichkeiten des Gegenübers wirklich einzulassen: «Achte auf mein lautes Schreien, mein König und mein Gott, denn ich will zu dir beten. HERR, am Morgen hörst du meine Stimme, am Morgen richte ich dir Opfer zu und warte.» (Ps 5,3f.) Diese wechselseitige Beziehung kommt erst zu ihrem Recht, wenn der eigene Sinn ganz und gar auf das gerichtet wird, was sich vom Anderen her ereignet.

Auf Seiten des Menschen geht es darum, auf Gottes Wille und Zusage zu hören, ihr wachsam zu folgen (vgl. etwa Num 4,23). Als Voraussetzung zur Einsicht in die Offenbarung ist nicht mehr notwendig, als aufmerksam die Ohren zu spitzen. Das Menschenkind soll ebenso aufmerken (Dan 8,17) wie Könige und Fürsten (Ri 5,3) und sogar die ganzen Himmel, wenn Gott redet (vgl. Dtn 32,1). Dieses Hören kann nicht *en passant* im Sinn eines beiläufigen Dabeiseins geschehen, sondern hat Entscheidungscharakter und gewinnt von dort her seine Anziehungskraft. Nicht zuletzt hat der Ruf zur Umkehr die Bedeutung, von den belanglosen zu den existenziell bedeutsamen Sinneseindrücken zu gelangen: «Darum sollen wir erst recht auf das Gehörte achten, damit wir nicht am Ziel vorbeitreiben.» (Hebr 2,1) Selbst Hiob, dem die positive Zuwendung durch Gott entzogen wird, verliert nicht dessen grundsätzliche Aufmerksamkeit. Der Gnadenakt aufmerksamer Zuwendung von Gott her führt das Wort mit sich: «Ich habe dich bei deinem Namen gerufen; du gehörst zu mir» (Jes 43,1) und nimmt den Gefallenen schützend auf.

Das Geschenk göttlicher Zuwendung soll sich auf Seiten des Menschen mit offenen Ohren und Sinnen verbinden – und dies gilt nicht nur für den Einzelnen, sondern für das ganze Volk. Und so ist es eben nur konsequent, dass freimütig an den öffentlichen Orten vor aller Augen und Ohren verkündigt wird, um von vornherein den Blick auf die größeren gemeinsamen Bedürfnisse und Sehnsüchte zu weiten. So sind die konkreten herausgehobenen Orte der Verkündigung mitsamt der dort versammelten Gemeinde eben zugleich auch Ausdruck für den möglichst weiten Geltungsanspruch der Botschaft selbst. Dass Verkündigungsszenen in öffentlichem, exponiertem Gelände, sei es auf einem Berg, am Ufer, auf dem Marktplatz oder am Ort der Hinrichtung stattfinden und eben in der Regel nicht im privatesten Raum, verweist auf diesen lebensumfassenden Verkündigungshorizont.

Zugleich wird vielfach deutlich gemacht, dass dieses Wortereignis nicht folgenlos bleiben kann: Der und die Einzelne und das ganze Volk sollen aufbrechen und weiterziehen, sich neu auferbauen und gründen lassen, hören und feiern, den Zuspruch weitertragen und davon ihren Kindern weitererzählen.

Gerade Poesie und Prophetie stellen dabei hohe literarische Predigtformen und besondere Formen anschaulicher und sichtbarer Aufmerksamkeit dar. Die biblische Poesie stellt den Hörakt in der Weise in das Zentrum, dass durch sie nicht Bilder in Sprache gehüllt werden, sondern Bilder aus den gehörten Worten überhaupt erst entstehen. Zugleich wird Gott in die Pflicht genommen, sich dem Gebet des Menschen zu öffnen: «Nun, mein Gott, mögen doch deine Augen offen deine Ohren aufmerksam sein für das Gebet an dieser Stätte.» (2Chr 6,40 und ähnlich Neh 1,6.11)

Die Fälle, in denen diese Beziehung auf dem Spiel steht, sind dadurch geprägt, dass genau dieses Hören aufeinander misslingt oder unterlassen wird, sei es, weil den Worten der Propheten kein Gehör geschenkt wird, sei es, weil Gott selbst in seiner Gegenwart verkannt wird: «Sie aber haben sich geweigert, darauf zu achten, und störrisch haben sie mit der Schulter gezuckt, und ihre Ohren haben sie schwerhörig gemacht,um nicht hören zu müssen.» (Sach 7,11)

Aufmerksamkeit auf Gottes Wort stellt eine individuelle und kollektive biblische Grundtugend dar, zu der es jedenfalls biblisch gesprochen keine sinnvolle «irdische» Verkündigungsalternative gibt. Und schon gar nicht ist denkbar, dass irgendein menschliches Handeln diese Zuwendung zu Gott ersetzt: «Sieh, Gehorsam ist besser als Schlachtopfer; besser als Fett von Widdern ist es, achtsam zu sein.» (1Sam 15,22). Nicht im Tun und nicht im Gestalten, sondern im aufmerksamen Hören ereignen sich wesentliche Einsichten. Dies umfasst übrigens durchaus auch die notwendige Aufmerksamkeit für die überlieferte und interpretierte Lehre, worauf Paulus immer wieder eindringlich hinweist.

Nicht der anschauliche Vollzug also, und erst recht nicht irgendein Brimborium, stehen im Zentrum, sondern das Hören und Gehört-Werden. Der Sehnsucht nach dem göttlichen Gegenüber wird von Gott her Sprache gegeben, die ihrerseits Vertrauen hervorruft. Martin Luther übersetzt Römer 10,17 in der folgenden Weise: «So kommt der Glaube aus der Predigt, das Predigen aber aus dem Wort Christi» und noch eindrücklicher heißt es bei Walter Jens:

«Der Glaube, dies ist wahr, folgt der Botschaft, die Botschaft folgt dem Wort Christi.»[46]

So ist es kaum verwunderlich, dass bereits die Kunde von der Nähe Jesu, erst recht seine Gegenwart, höchste Aufmerksamkeit erzeugt: Es ist das ganze Volk, das aufbricht und kommt und zuhört, wenn er lehrt (vgl. exemplarisch Joh 8,1ff.). Dieser Akt wechselseitiger höchster Wahrnehmung findet seinen Ausdruck in Jesu Zuruf, genau hinzusehen und hinzuhören, aber auch in seiner körperlich spürbaren Anwesenheit durch Gesten und Berührungen.[47] Nicht zuletzt in der «jesuanischen Oratorformel ego autem dico vobis [...] wird sein rhetorisch-persuasives Anliegen biblisch manifest.»[48]

In diesem Zusammenhang verbindet sich mit dieser biblischen Tradition das bewusst die Konventionen Störende und Irritierende und das unbequem Unkonventionelle. Die Ur- und Grundrede göttlicher Zuwendung macht aufmerksam auf das Verdrängte, Verborgene und Vernachlässigte, auf das Stillgeschwiegene und Stillgestellte, auf die die Gemeinschaft gefährdenden und zerstörerischen Potenziale. Damit trägt gelingende Aufmerksamkeit selbst den eminent öffentlichen Charakter des Utopischen und Weltverändernden: «Und die Augen der Sehenden werden nicht verklebt sein, und die Ohren der Hörenden werden aufmerksam sein.» (Jes 32,3)

5.8 Systematisch-theologische Differenzierungen

Die biblische Rede von Gottes offenbar gewordener Aufmerksamkeit gewinnt ihre Bedeutung für die menschliche Existenz erst, wenn sie vom Menschen aus in ihrem beziehungsorientierten Sinn erfasst wird. Reine Proklamation unabhängig von den Empfangenden und deren Verstehensvoraussetzungen muss hingegen inhaltlich unbestimmt bleiben. Die trinitarische Fassung der Rede von göttlicher Präsenz in allen Dingen ermöglicht es, dieses Beziehungsgeschehen nach menschlichem Vorstellungsvermögen näher in den Blick zu nehmen. Zu einer solchen Einsicht verhilft die Redefigur von der Entäußerung Gottes in die Welt (Phil 2) ebenso wie die überlieferte Verheißung von der Präsenz des göttlichen Geistes in der Welt nach Jesu Tod und Auferstehung. In seinem Sohn, der Knechtsgestalt angenommen hat, wird Gott in seiner Aufmerksamkeit zur Welt erkennbar. Durch seinen Geist verleiht er der Welt durch die Zeiten hindurch die Fähigkeit, sein Wirken wahrnehmen zu können.

---

46 *Jens*, Der Römerbrief, 53.
47 Vgl. *Volf*, Von der Ausgrenzung zur Umarmung.
48 *Knape*, Rhetorik und Predigt, 29.

Wenn hier nun vom verkündigten «Wort Gottes» im homiletisch an-schlussfähigen Sinn die Rede ist, so deckt sich dies «nur zum Teil mit dem, was Sprache und sprachliche Kommunikation meint»[49], auch wenn beides eng aufeinander bezogen ist. Dieses Wortgeschehen zeigt sich in seiner theologischen Sprachgestalt und Bedeutung «nicht als Enthüllung eines Ideensystems oder einer Sittenlehre, sondern als Begegnung mit dem gekreuzigten und auferstandenen Jesus.»[50] Erst durch diese irdische Manifestation göttlicher Aufmerksamkeit ergibt die Auslegung des Wortes Gottes, theologisch gesprochen, Lebenssinn.

Von Gott lässt sich folglich in religiöser Rede nur aufgrund konkreter menschlicher Grunderfahrungen überhaupt sprechen: «Die Form der Erkennbarkeit und Sagbarkeit sind als genuine Aspekte göttlichen Seins an ihm selbst (trinitarisch) mitgesetzt, indem sich Gottes Sein mit dem Menschen als ein soziales Sein für den Menschen vollzieht.»[51] Dies bedeutet, dass der Mensch als «Subjekt des Glaubens sein Verhältnis zu Gott nur als lebendige, seine Existenz betreffende und so bestimmende Beziehung denken kann. Der Glaube ist kein ontologisch fest-gestelltes Weltbild noch ist er subjektlogischer Entschluss zu einem Weltbild.»[52]

Homiletisch bedeutsam ist hier, dass durch diese trinitarische Grundfigur systematisch-theologisch ein auf Responsivität und Reziprozität hin angelegtes Verständnis von göttlichem Sein und Wirken in der Welt etabliert wird. Und noch mehr: Von Gottes Aufmerksamkeit kann aufgrund dieser dynamischen trinitarischen Bestimmung auch dann die Rede sein, wenn er selbst für die Welt und in manchen individuellen Lebenslagen als zutiefst verborgen und sein Wirken als unergründlich erscheint.

Denn auch in diesem Fall entzieht sich Gott der Welt und dem Menschen nicht, sondern bleibt als Geheimnis gegenwärtig. Im Gedanken dieser trinitarisch entfalteten göttlichen Aufmerksamkeit findet somit die anthropologische Grundkategorie der Sehnsucht nach unbedingtem Gehört-Werden und voraussetzungslosem Gehör-Finden[53], nach prinzipieller und unbedingter Aufmerksamkeit ihren theologischen Ausdruck.

Durch die Tatsache, dass Gott oft als verborgen und sein Wirken als unergründlich erscheint, auf der anderen Seite der Glaube aber daran festhält, dass Gott sich der Welt und dem Menschen nicht entzieht, entsteht eine Spannung, die für alles Nachdenken über die Predigt wesentlich ist. In der

---

49 *Müller*, Homiletik, 178.
50 A. a. O., 180.
51 *Micklich*, Kommunikation des Glaubens, 198.
52 A. a. O., 278.
53 *Gebhard*, Homiletik.

theologischen Rede göttlicher Aufmerksamkeit findet das passive Geschehen des Gehört-Werdens ebenso seinen Ausdruck wie das Hören im Sinn eines aktiven Geschehens. Einerseits wird dem Menschen von Gott her Aufmerksamkeit geschenkt, der aufmerksam auf die Welt zukommt. Zum anderen kann der Mensch aufmerksam dafür werden, dass und wie sich Gott ihm längst zugewandt hat.

Der theologische Grundgedanke von der Rechtfertigung des Einzelnen bzw. der handlungsorientiert gefassten «rechtfertigenden Predigt»[54] manifestiert sich in der Redefigur des aufmerksamen Gottes in konkreter Hinsicht. Damit kann zugleich die Rede von der φιλανθρωπια Gottes als Ausdruck einer relationalen Gottesbeziehung[55] durch den gleichsam erfahrungsbezogenen Leitbegriff der Aufmerksamkeit noch deutlicher gemacht werden.

Diese Einsicht in die vom trinitarischen Gott her grundgelegte Beziehung hat nun nicht nur Folgen für das individuelle Selbstverständnis, sondern auch für die unterschiedlichsten Weltbeziehungen: Die von Gott her offenbar gewordene, geschenkte und zugeeignete Aufmerksamkeit ist darauf angelegt, sich im menschlichen Gegenüber zu manifestieren und sich von Mensch zu Mensch zu bewähren. Konkreter ausgedrückt: Die von Gott her durch seine Offenbarung geschenkte Zuwendung und Zusage gewinnt ihre Bedeutsamkeit erst dann, wenn ihr beziehungsorientierter Sinn auch in der mitmenschlichen Begegnung zu realisieren versucht und damit in der konkreten Begegnung zur Realität wird.

Insofern hat der theologisch grundierte Aufmerksamkeitsgedanke wichtige ethische Folgen, die sich in der mitmenschlichen Praxis dem Anderen gegenüber manifestieren. Dass solche Mitmenschlichkeit im Einzelfall gelingt, kann allerdings nach menschlichem Ermessen und nach seinen Möglichkeiten bestenfalls angestrebt, nicht aber aus eigenen, noch so freien Stücken erreicht werden.

---

[54] *Lütze*, Absicht und Wirkung, 45.
[55] Vgl. a. a. O., 45ff.

6. Zur Qualität aufmerksamkeitsorientierten Predigens

Um von den angesprochenen Erfahrungen, Orientierungen und Differenzierungen aus nun die Herausforderungen und Möglichkeiten gegenwärtiger Predigtpraxis aufzuzeigen, sollen im Folgenden erst grundsätzliche, dann weiterreichende homiletische Überlegungen angestellt werden. Diese wollen über die Zusammenfassung des bisher Gesagten hinaus als theoretische Basis für die homiletische Entfaltung in aufmerksamkeitsorientierter Perspektive dienen.

Zu diesem Zweck wird hier der Begriff der Qualität mit ins Spiel gebracht, um dadurch zu näheren Bestimmungsmöglichkeiten konkreter Predigtpraxis gelangen zu können.[1] Von Qualität soll hier allerdings nicht im Sinn einer Messgröße die Rede sein, sondern diese kommt als hermeneutische Unterscheidungs- und Orientierungskategorie.

Um es hier nochmals festzuhalten: Predigt ist Rede von der Beziehungs-Geschichte Gottes mit den Menschen und verweist über sich hinaus auf dieses Geschehen Gottes mit den Menschen in Vergangenheit, Gegenwart und Zukunft: «Die Wirklichkeit Gottes realisiert sich als Beziehungsgeschichte nur kommunikativ.»[2] In diesem Sinn betrifft eine Verkündigung im Namen Gottes um des Menschen willen die Hörenden in ihren Alltags- wie in ihren Feiertagszeiten, im Gewöhnlichen wie im Ungewöhnlichen. Durch diese Rede kommen Orientierungen zu Gehör, die zu heilsamen Unterbrechungen des Gewohnten werden und zu neuen Einsichten verhelfen können. Wesentliches Kriterium für qualitätsvolles Predigen ist folglich, ob dieses Beziehung stiften bzw. die das menschliche Leben bestimmenden Beziehungsdynamiken orientierend benennen kann.[3]

Von dieser Grundperspektive aus gewinnt auch die prinzipielle Predigtrede von Gott nähere Gestalt. Weil sich die menschlichen Lebenserfahrungen in unterschiedlichster Weise manifestieren, ist die biblische Gottesrede selbst auf die Vielfalt ihrer Deutungsperspektiven hin ins Gespräch zu bringen. Hier gewinnen etwa die Unterscheidungen Ricœurs hilfreiche und qualitative Gestalt, wenn er im Sinn einer biblischen Polyphonie narrative, prophetische, vorschreibende, weisheitliche und hymnische Formen und Diskurse unterscheidet.[4]

---

[1] Vgl. zur Diskussion auch *Cornelius-Bundschuh*, Wann ist eine Predigt gut?
[2] *Micklich*, Kommunikation des Glaubens, 147.
[3] Mein Plädoyer für eine aufmerksamkeitsorientierte Predigtkunst ist mit den sprachpragmatisch orientierten Überlegungen Lützes gut zu verbinden, vgl. *Lütze*, Absicht und Wirkung.
[4] Vgl. *Ricœur*, An den Grenzen der Hermeneutik.

Die Predigt trägt von diesen Grundüberlegen aus ihren Zweck in sich und darf nicht als Mittel zur Verfolgung ganz anderer Interessen angesehen werden. Dies bedeutet in kirchentheoretischer Hinsicht, dass die Predigt nicht von Rekrutierungsabsichten, woher auch immer, getragen sein darf. Dass qualitätsvolles Predigen natürlich Folgen etwa im wortwörtlichen Sinn für die Auferbauung der Gemeinde hat, ist zwar nicht zu vernachlässigen, kann aber für die Intention und Durchführung der Predigt selbst nicht das Zentrum bilden. Ihre Qualität entscheidet sich im Akt des Hörens und Redens bei den Hörenden und Redenden selbst und im folgenden Nachdenken und Austausch darüber.

Dies bedeutet, dass es keinen quasi unantastbaren Wahrheitsstatus geben kann, von dem aus die Predigtperson ihre Rede beginnt und profiliert. Ob wahrheitsgemäß verkündet wird, erweist sich erst im Akt des Hörens und Nachdenkens über das Gehörte. Erinnert sei hier auch an die nachdenkenswerte, wenngleich noch weiter auszudifferenzierende, Näherbestimmung des Hörens im Vergleich zum Sehen: «Sehen hat es mit Beständigem, dauerhaft Seiendem zu tun. Hören hingegen mit Flüchtigem, Vergänglichem, Ereignishaften. Daher gehört zum Sehen eine Ontologie des Seins, zum Hören hingegen eher ein Leben vom Ereignis her.»[5] Ob von Bedeutung sein wird, was zu vernehmen ist, wird sich über den Moment des Redens hinaus möglicherweise erst sehr viel später in seiner Relevanz zeigen.

Damit ein solcher qualitativer Anspruch Aussicht auf Gelingen hat, muss jede Predigtpraxis von Beginn an für die breite Vielfalt religiöser Phänomene so wahrnehmungsoffen wie nur möglich sein. Nur bei einem wertschätzenden Blick auf die unterschiedlichsten Formen und Vollzüge gelebter Religion lässt sich der Anspruch auf eine aufmerksamkeitsorientierte öffentliche Deutungspraxis überhaupt legitim vertreten.

Qualitätsvolle Predigt bringt es dann aber zugleich mit sich, die Hörpotenziale der Anwesenden nicht einfach nur mit im Sinn zu haben, sondern diesen wirklichen Raum zu eröffnen. Für eine solche ressourcenorientierte Sicht auf die Predigtpraxis ist die Annahme leitend, dass Menschen nach wie vor offen für alternative Sichtweisen auf das Bestehende sind und Sehnsüchte haben, die durch theologische Rede gespiegelt werden können. Theologische Rede und Rhetorik gewinnt ihre erschließende Qualität, wenn sie zugleich das bisher Verborgene und Verdrängte zum Vorschein bringt. Predigt hat von dort her auch einen den Lebensvollzug bestätigenden, (zu-)sichernden

---

5 *Welsch*, Auf dem Weg zu einer Kultur des Hörens, 94. Interessanterweise misst Welsch von dort aus dem Hören eine besondere Affinität zum Glauben und zur Religion zu, vgl. ebd.

Charakter. In jedem Fall ist zu beachten, dass Hörer «durch Präsenz, durch volle situative Aufmerksamkeit»[6] gewonnen werden. Zum bestätigenden Charakter qualitätsvoller Predigt muss aber auch ein aufklärerisch-kritischer Impuls kommen. Im Zeichen theologischer und mitmenschlicher Aufmerksamkeit sind faktische Abhängigkeiten und unfrei machende Zwänge zu benennen. In einer säkular durchaus offenen Sprache vermag theologische Rede hier genuine Überzeugungskraft zu entwickeln bzw. darauf zu verweisen, welche Deutungskraft von ihr ausgeht. Die jesuanische Zusage, dass die Wahrheit frei macht, kann auch im nichtreligiösen Sprach- und Lebenszusammenhang ihre Bedeutung entfalten. Zugleich gilt, dass sich Wahrheit erst durch die offene, redende wie hörende Suche um Wahrheit wirklich einstellt.

Als Zusammenhang von «Herz, Mund und Händen» entfaltet sich qualitätsvolle Predigtrede schließlich als ein ganzheitlicher Geschehenszusammenhang. Der Kontext selbst stellt eine prägende Kraft für das Hören dar – wobei darauf zu achten ist, dass auch diejenigen hören können und Gehör finden, die mit diesen Kontexten nicht vertraut sind. Es ist eben nicht das Wort allein, von dem Verkündigung lebt und wodurch sie sich in ihrer Unverzichtbarkeit und als Markenzeichen von Kirche auszeichnet. Sondern was oftmals als Rahmenbedingungen benannt wird, bildet tatsächlich den notwendigen Bezugs- und auch Schutzraum, in dem Predigt als redender und hörender Vollzug gelingen kann und auf den diese unbedingt angewiesen ist. Unter solchen verlässlichen und wertschätzenden Bedingungen trägt Predigtrede dazu bei, in religions- und in glaubensbezogener Weise «Erfahrungen mit der Erfahrung»[7] zu machen.

Dies heißt aber dann auch, dass der homiletischen Kunst eine Performativität zu eigen ist, die sich mit bestimmten konkreten Zielsetzungen verbindet und damit nicht alles der ganz offenen Interpretation des Hörenden zumutet. Die Qualität theologischer Rede besteht darin, dass den Hörenden bewusst auch ein Orientierungsangebot gemacht wird, das diese sich nicht alleine aus sich selbst heraus generieren können. Dass zur Qualität theologischer Rede auch das Angebot gehört, Kenntnisse zu erwerben, ist in diesen gemeinsamen Deutungsvollzug mit eingeschlossen. Wenn die Predigt von horizonterweiternder Bedeutung sein will, so gehört dazu auch die Vermittlung neuer Kenntnisse und Einsichten in kognitivem Sinn. Unbenommen davon ist natürlich, dass der Erschließungsvorgang selbst konstitutiv in eigenständiger Ausrichtung und Verantwortung erfolgt.

---

[6] *Meyer-Blanck*, Homiletische Präsenz, 22.
[7] Vgl. *Jüngel*, Erfahrungen mit der Erfahrung.

Schließlich ist allen fundamentalistischen Anwandlungen mit seriöser historisch-kritischer Entdeckungsarbeit in der Perspektive auf das konkrete Leben der Anwesenden mit allen Brüchen und Widersprüchen zu begegnen! Von diesen Grundüberlegungen aus kann nun auch die besondere aufmerksamkeitsorientierte Perspektive in homiletischer Hinsicht fruchtbar gemacht werden.

7. Überlegungen zu einer Homiletik im Horizont der Aufmerksamkeit

7.1 Prinzipielle Überlegungen

Orientiert man sich an der Unterscheidung von prinzipieller, materialer und formaler Homiletik[1], dann sind die Überlegungen des folgenden Abschnitts deutlich dem erstgenannten Bereich zuzuordnen. Diese werden aus sachlichen Gründen aber auch immer wieder mit materialen und formalen Aspekten verbunden werden.

Vor der Frage nach dem konkreten Aufmerksamkeitsprofil der Predigt steht die Frage nach dem *Grund* und *Inhalt* der Rede selbst. Jede sachgerechte Vermittlung von Text und Situation ist «auch und gerade von einer Näherbestimmung dessen abhängig, was leichtfertig mal als Wort Gottes, mal als Schrift, Text oder *viva vox evangelii* aufgerufen wird.»[2] Religiöse Rede trägt als ihren Kern etwas mit, was über individuelles Reden grundsätzlich hinausgeht. Theologische Rhetorik zeichnet sich aus bzw. wird durch ihren Tiefensinn ausgezeichnet: Dann ist dieses Wort «nicht mehr Funktion, nicht mehr Manipulationsmedium, sondern jeglicher Instrumentalisierung entzogene Substanz»[3] – und etwa im Fall des Johannesprologs als Logos «reines Geschehen.»[4]

Dieser Grund bzw. diese Grundperspektive besteht in der Orientierung an der biblisch überlieferten und theologisch gedeuteten Gewissheitsrede, dass Gott von sich aus die Beziehung zum Menschen geschaffen hat und im Vertrauen darauf, dass diese aufmerksame Gottesbeziehung bewahrt bleibt. Das *Was* der Aufmerksamkeitsrede und ihre inhaltliche Legitimation liegt in der von Gott her erfolgten bedingungs- und unterschiedslosen Zusage an alle Menschen seines Wohlgefallens. Anders gesagt: «Das Wort Gottes wird aus seinem Vollzugszusammenhang heraus das kommunikative Wort von Gott und allein so vermag es, die Kommunikation des Evangeliums zu tragen.»[5]

---

[1] So die klassische, vom Zürcher Praktologen A. Schweizer eingeführte Unterscheidung, vgl. *Raschzok*, Der Dreiklang von principieller, materieller und formeller Homiletik. Interessanterweise macht U. Roth diese Grundunterscheidung Schweizers für die Frage nach dem Predigtinhalt stark, um so einen Weg zwischen den schroffen Alternativen dogmatischer Chiffren und situativ-inventorischer individueller Kompetenz des Predigenden zu beschreiten, vgl. *Roth*, Schuld, Scheitern, Irrtum, 84f.

[2] *Grevel*, Der Raum des Verstehens, 214.

[3] *Knape*, Was ist Rhetorik?, 21f.

[4] So H.-G. Gadamer, zit. nach *Knape*, Was ist Rhetorik?, 23.

[5] *Micklich*, Kommunikation des Glaubens, 150.

Von diesen Grundeinsichten aus knüpfe ich an die treffenden homiletischen Unterscheidungen an, die sich zu einem Verständnis der Predigt als von allen Beteiligten getragene Performanz verdichten. Predigt wird hier ganz plausibel als ein «von Produzierenden wie Rezipierenden errichteter Raum für Erfahrungen, Entdeckungsprozesse und Deutungszusammenhänge»[6] verstanden. Evangelium kommt nach diesem Verständnis folglich nicht als propositionaler Gehalt von Verkündigung automatisch zur Rede, sondern bedarf sowohl des Prozesses von Hören und Reden wie auch der Kategorie der Erfahrung zur Näherbestimmung biblischer Tradition und menschlicher Situation. Erinnert sei hier nochmals an die hiermit gut verknüpfbare phänomenologische Bestimmung, wonach das «Ereignishafte des Ereignisses über vorhandene Bedingungen hinausschießt.»[7]

Von diesen Bestimmungen aus formt aufmerksamkeitsorientierte Rede einen wesentlichen Schlüssel für die inhaltlich orientierte und orientierende Performanz des Predigens. So ist grundsätzlich auch für alle religiöse Rede zu betonen, dass sich Sinn nicht «für sich», sondern immer als Beziehungsgröße manifestiert: «Sinn ist nicht, Sinn geschieht.»[8] Die inhaltliche Dimension jeder Predigt gewinnt Profil, wenn darin die unterschiedlichen biblischen und gegenwärtigen Aufmerksamkeitserfahrungen mit zum Ausdruck kommen oder mindestens mit im Blick sind. Die Rede von Sinn als Prozessqualität ist dann aber weit mehr als nur eine Metapher.[9]

Was soll und kann sich nun durch die aufmerksame Rede und die zur Sprache und Rede gebrachte Aufmerksamkeit ereignen? Die Intention aufmerksamer Predigtrede geht dahin, das Hören auf Gottes Wort ebenso wie das Hören auf die Nöte der Menschen zu ermöglichen und damit die Einsicht in dieses grundlegende Beziehungsgeschehen zu befördern. Dieses Beziehungsverhältnis hat dabei sowohl seine zutiefst göttliche wie seine weltliche Seite. Dieses gleichsam vertikale und horizontale Beziehungsgeschehen verbindet sich zu einer auf die verheißene Zukunft hin ausgerichteten Lebensperspektive. Der Charakter aufmerksamer Rede lässt sich von dort aus in einer dreifachen Weise weiter ausdifferenzieren:

Zum ersten bedeutet das Hören auf Gottes Wort ein *Aufmerksam-Machen*. Die Hörenden sollen vom Redenden dazu angeregt werden, ihren Sinn und ihre Konzentration auf das zu richten, was ihnen mitgeteilt wird. Dies stellt sehr viel mehr dar als eine Aufforderung zur aufmerksamen Grundhaltung.

---

6   *Roth*, Schuld, Scheitern, Irrtum, 89.
7   *Waldenfels*, Phänomenologie, 86.
8   *Soeffner*, Interaktion und Interpretation, 336.
9   Vgl. *Geissner*, Hörende predigen mit, 123.

Vielmehr ist dieses Aufmerksam-Machen von Beginn an inhaltlich so konnotiert, dass die Botschaft selbst den Ausgangspunkt und die Begründung für das aufmerksame Zuhören darstellt. Anders gesagt: Nicht äußere Gründe der Tradition oder Konvention rechtfertigen eine solche Aufforderung zum Zuhören, sondern der theologische Gehalt der Redesituation macht dieses Kommunikationsgeschehen aus.

In inhaltlicher Hinsicht beinhaltet dieses Aufmerksam-Machen die Eröffnung neuer Gedanken, das Aufbrechen gewohnter Sichtweisen und auch kreative Lesarten von vielleicht schon vertrauten Texten. Dies kann den Aspekt bewusster Sperrigkeit und Irritation ebenso beinhalten wie Provokation und Aufrüttelndes.

Gefragt sind folglich anspruchsvolle und ansprechende Unterbrechungen der gewohnten Sichtweisen und des Alltags. Aufmerksam-Machen kann die predigende Person auf bisherige individuelle Prioritätensetzungen und Selbstdeutungen, ermutigen kann sie zum aufmerksamen Blick auf das eigene Leben. Allerdings ist damit nun nicht primär Appellatives gemeint, so als ob es eines energischen und fordernden «Aufrüttelns» bedürfte.[10] Sondern zu denken ist hier an eine inhaltsbezogene Ein-Stimmung in das Ereignis des eigentlichen Wortgeschehens und ein gemeinsames Ein-Stimmen in diesen Akt – der sich im Übrigen keineswegs durch inhaltliche Übereinstimmung auszeichnen muss.

In theologischer Hinsicht verbindet sich dies mit der Eröffnung des Horizonts der von Gott her geschaffenen, gegenwärtigen und angekündigten Aufmerksamkeitszeit. Vor dieser theologischen Zeitperspektive kann sich ein aufmerksames Entdecken dessen ereignen, was andere schon zuvor entdeckt haben bzw. worauf sie selbst in ihrer Gottesgeschichte aufmerksam geworden sind. Die Predigt darf damit hermeneutisch gesprochen aus dem «üblichen» Wahrnehmungs- und Verstehenshorizont der rein gegenwärtigen Zeitvorstellung fallen.

Zum zweiten und eng mit diesem Aufmerksam-Machen verbunden, stellt das *Aufmerksam-Werden* ein wesentliches Element und Moment des Predigtgeschehens dar. Dies ereignet sich dann, wenn sich die Hörenden auf das einlassen, was ihnen vermittelt wird und wenn sie sich mit den eigenen Sinnen sowie mit ihren Assoziationen, Gefühlen und Gedanken dem zuwenden, was ihnen mitgeteilt wird. In diesem Fall kommt es zu einer aktiveren Teilhabe am Geschehen bzw. der intensiveren Auseinandersetzung mit der eigenen Situation sowie der inhaltlichen Dimension der Predigt. Im Modus des

---

[10] So auch ganz richtig die sprachpragmatisch grundierte an bestimmten Formen appellativer Predigtrede im Blick auf den Rechtfertigungstopos, vgl. *Lütze*, Absicht und Wirkung, 215ff.

Aufmerksam-Werdens kann es dann zu ganz überraschenden und auch neuen Erfahrungen kommen, aber auch zum Wiederaufmerken auf das vielleicht Vergessene und Verdrängte: Durch aufmerksame Rede vermag im Hören anzuklingen, was den eigenen Sinnhorizont anspricht und diesen erweitert. In einem solchen Fall kann sich bei den Hörenden eine Aufmerksamkeit auf den zugesprochenen Trost und die Gnade entwickeln und sich konkret in der Resonanz des eigenen Hörens manifestieren. Es ist auch denkbar, dass sich dabei Gedanken und Gefühle einstellen, die alles Maß des Konventionellen in Frage stellen und sprengen. Ein solches Hören kann selbst zum aufmerksamen Grenzgang und zur Grenzüberschreitung führen.

Zum dritten sind über das Aufmerksam-Machen und das Aufmerksam-Werden Hörende und Redende theologisch gesprochen darin und dadurch verbunden, dass sie selbst von der Botschaft *aufmerksam gemacht werden*. Es erschließt sich ihnen etwas, was sie weder als Redende noch als Hörende in diesem Moment selbst leisten können oder zu leisten bräuchten. Dies entspricht der Einsicht, dass entscheidende Erfahrungen nicht nur immer wieder neu zu machen sind, sondern dass diese auch auf uns zukommen, ohne dass wir in diesen Momenten aktive Produzenten dieser Erfahrungen sind.

Es ist nicht zufällig, dass sich in der Predigt das «Du» bzw. «Ihr» oftmals mit einem «Ich» und «Wir» verbindet: Natürlich wird immer wieder zu Recht vor vorschnellen Inklusionen der Hörerschaft durch die Predigenden gewarnt. Es ist tatsächlich riskant und oftmals hochproblematisch, wenn die Hörenden gleichsam von den Erfahrungen und Überzeugungen der Redenden vereinnahmt werden. In theologischer Hinsicht allerdings besteht durchaus guter Grund für eine solche auf Gemeinsamkeit – nicht auf Homogenität! – hin ausgerichtete Aufmerksamkeitsrede. Möglicherweise liegt die Besonderheit christlicher und evangelischer Predigt genau in dieser kombinatorischen Anrede- und Ausdrucksform.[11]

Diese Weise des Aufmerksam-Gemacht-Werdens im biblischen und urreformatorischen Sinn bildet den unersetzlichen Bezugspunkt alles aktiven Aufmerksam-Machens und subjektiven Aufmerksam-Werdens. Hier kann Aufmerksamkeit für das entstehen, was der eigenen Hoffnung nach im Ereignis des Hörens auf uns zukommen könnte und schon zukommt. Von dieser ausdifferenzierten Aufmerksamkeitsrede her stellt sich die hermeneutische Grundaufgabe des rechten Umgangs mit der Textüberlieferung und seiner theologischen Deutung nun nochmals deutlicher.

---

[11] Vgl. *Dalferth*, Kombinatorische Theologie.

7.2 Die hermeneutische Grundaufgabe

Vor dem Horizont des zugesagten Grundes ist zu fragen, *wie* theologische Rede Aufmerksamkeit für Gottes Wirklichkeit und Möglichkeit, für seine Präsenz mitten in der Welt und die von ihm verheißene Zukunft eröffnen kann. Damit kommt im engeren Sinn die bereits angesprochene Dimension theologisch-hermeneutischer Rhetorik in den Blick. Hier gilt, dass die Konzentration auf bestimmte dogmatische Codes – bzw. auf eine Sprache, die als dogmatisch wahrgenommen wird – kaum positive Aufmerksamkeit auslösen wird, sondern eine solche offene Grundhaltung im schlimmsten Fall sogar verhindern kann. Es ist deshalb von Seiten des Predigenden aus zu bedenken, ob bestimmte gewählte Formulierungen möglicherweise von vornherein zu solchen distanzierten Reaktionen führen können.

Auf der anderen Seite sind auch alle Formen sprachlicher Anbiederung und der Verzicht auf eine explizit theologische Arbeit an der Sache zu vermeiden, denn damit können ebenfalls erhebliche Wahrnehmungsdissonanzen und Irritationen ausgelöst werden. Aus guten Gründen erwarten Hörende einer Predigt mehr als das, was sie in ihren alltäglichen Informations- und Interpretationskontexten erleben und hören. Wird hingegen auf der Kanzel lediglich Alltagssprache um der erhöhten Aufmerksamkeit willen redupliziert, missachtet dies die Bedürfnisse der Hörenden und unterläuft den Anspruch des Auftrags.

Eine Lösung liegt allerdings nun nicht darin, dass man die überlieferten Gehalte und Interpretationen überhaupt ad acta legt, wie dies verschiedentlich gefordert wird.[12] Nimmt man die Orientierung an der Dimension des «Aufmerksam-Gemacht-Werdens» ernst, so ergibt sich von dort her eine hermeneutische Perspektive, die den Redenden in sachgemäßer Weise zu entlasten vermag. Wird dem überlieferten biblischen Wort eigenes Gewicht und Eigenmacht zugeschrieben, muss und kann die Frage der Aufmerksamkeit weder auf Seiten des Sprechenden noch des Hörenden alleine beantwortet werden. Denn durch das biblische Wort – gleichsam einer dritten Person, die zu erklingen beginnt – sowie durch seine je spezifische und individuelle Interpretation, werden Deutungen möglich, die über den Deutenden und dessen Möglichkeiten konstitutiv hinausgehen. Damit aber ist das gehörte Wort zugleich weit mehr als nur Medium im Akt des Hörens. Durch theologische Rede ereignet sich mehr als das, was man sich selbst zu sagen vermag. Dadurch entsteht mehr, als was man benennen oder zur Anschauung bringen

---

12 Vgl. dazu etwa *Jörns*, Die theologische Aufgabe der Homiletik.

85

kann. Damit wird hier für die erhebliche Relevanz theologischer Bedeutungszuschreibungen geworben und für eine möglichst achtsame Deutungspraxis plädiert. Würde auf solche Deutungsversuche hingegen verzichtet, müsste jedes menschliche Wort über das biblische Wort seines Grundes ermangeln.

Somit zielt aufmerksame Predigtrede im Vergleich zu manchem sonstigen medialen Aufmerksamkeitsdruck nicht auf eine Art Oberflächenerregung bei den Rezipienten ab, sondern versucht Resonanz zu erzeugen, die diese in gedankliche, emotionale und urteilsbildende Bewegung zu versetzen vermag. Diese Art der Resonanz ist nicht nur auf das Eigene bezogen, sondern erzeugt zugleich Neues aus sich heraus. Durch das Wort wird also an die menschliche Existenz angeknüpft, und dabei öffnet sich zugleich die Wahrnehmung für neue Perspektiven.

Wenn hier für eine möglichst anschauliche Form der Deutungspraxis plädiert wird, so meint dies weit mehr als eine rhetorisch geschulte Abbildungstechnik. Kaum notwendig zu betonen ist zudem, dass theologische Rede in jedem Fall auf Überzeugung setzen muss und alle Anmutungen suggestiver Überredungskunst unbedingt zu vermeiden hat. Vielmehr ist mit dieser Wahrnehmungsorientierung eine theologisch überzeugende Sichtbarkeit und Erkennbarkeit gemeint, die sich im Redeereignis selbst sowie in dessen Kontext ereignet. Als Predigt-«Ereignis» sind die Wirkungen dieser Rede, wie bereits betont wurde, zugleich prinzipiell unverfügbar.

Predigen bleibt aus guten theologischen Gründen ein Grenzgang. Klarheit kann nicht ohne das Bewusstsein erhofft werden, dass vieles notwendigerweise in der Schwebe bleiben muss. Die Rede von Gottes Gegenwart bleibt ihrerseits auf der Schwelle dessen, was menschlich gesagt und erhofft werden kann.[13] Deshalb ist Predigtrede grundsätzlich von der Last und nicht selten von der Allmachtsphantasie der Machbarkeit entlastet. Sie kann aber in der Weise auf Gelingendes setzen, dass sie sich auf die lange Tradition schon gelungener Verkündigung bezieht und stützt. Wie sich diese Überzeugungskraft ganz konkret kontextuell manifestieren kann, davon wird noch im Zusammenhang der «Sichtbarkeit» der ganzen Predigtgemeinde die Rede sein.

---

[13] Vgl. *Wagner-Rau*, Auf der Schwelle.

8. Pastoraltheologische Konsequenzen und eine politisch relevante Konkretion

Weil der Zusammenhang von Redeinhalt und Redendem bekanntermaßen so bedeutsam wie wesentlich ist, sind von diesen grundlegenden homiletischen Überlegungen aus pastoraltheologische Konsequenzen zu ziehen, die im Verlauf dieses Abschnitts anhand der Frage des politischen Predigens konkretisiert werden. Damit soll zum einen die anfangs genannte Ausrichtung der Homiletik in der Perspektive einer öffentlichen Theologie verdeutlicht werden, zum anderen die Aufgabe der pastoralen Oratorin bzw. des pastoralen Orators auf einem besonders anspruchsvollen materialen Feld näher deutlich gemacht werden.

Zu betonen ist hier grundsätzlich, dass es bei einer solchermaßen profilierten aufmerksamen Predigtrede aufgrund ihres Anspruchs und Sachgehalts nicht in erster Linie um die Predigtperson selbst geht! Von der Grundaufgabe aufmerksamer Rede her ist zwischen Darstellung und Selbstdarstellung unbedingt zu unterscheiden und zugleich vor allen pastoral-autistischen Anflügen auf der Kanzel zu warnen. Auch das Bild einer angeblich notwendigen Vorbildhaftigkeit, das dann durch die Figur homiletischer Authentizität konkretisiert wird, ist problematisch. Hier wird ganz zu Recht eine notwendige Unterscheidung stark gemacht: «Wer predigt, hat authentisch im Hinblick auf seine Aufgabe zu sein – und nicht authentisch als Privatperson.»[1]

Gleiches gilt für die gegenwärtig wieder eine erkennbare Konjunktur erfahrende Profilierung des pastoralen Zeugen, der sich womöglich gar direkt von Gottes Vollmacht aus zu eigenem vollmächtigen Handeln aufgerufen fühlt.[2] Dies stellt zumindest dann eine kritisch zu betrachtende Entwicklung dar, wenn dadurch die bezeugende Person zuungunsten des Zeugendienstes in den Vordergrund des Predigtgeschehens drängt. Insofern sei an dieser Stelle an die Einsicht erinnert, dass «der aufmerksame Geist nicht lediglich registriert, was in ihm vorgeht, sondern «er entdeckt sich selbst inmitten einer Welt der Erfahrung.»[3]

Auf der anderen Seite ist die oder der Predigende reformatorisch gesprochen eben nicht ein lehramtlich agierendes Sprachorgan im Sinn irgendeines beliebigen «Mediums». Aufgrund seiner Ausbildung ist er oder sie in der Regel mit erheblichem theologischen Orientierungswissen ausgestattet.

---

[1] *Deeg/Meyer-Blanck/Stäblein*, Präsent predigen, 18.
[2] In dieser Linie vgl. *Herbst/Schneider*, «wir predigen nicht uns selbst».
[3] *Waldenfels*, Phänomenologie, 23.

Von dort her profiliert sich die pastoraltheologische Grundaufgabe bzw. Grundhaltung entlang theologischer Kriterien. Für eine Näherbestimmung dieser Aufgabe ist die Orientierung an der lutherischen Trias von *oratio, meditatio* und *tentatio* hilfreich. Diese dreifache Näherbestimmung des Theologietreibens ist nicht einfach eine pragmatische Auffächerung rhetorischer Kunstregeln, sondern hat eminent theologischen Sinn. In dieser Dreiheit bilden sich die entscheidenden existenziellen Zugangsweisen zur Annäherung an das göttliche Wort ab.[4] Deutlich wird darin, dass es je nach Situation unterschiedlicher Haltungen und Praktiken bedarf, um sich der Frage nach Gott zu widmen.

Das pastoraltheologische Ethos und die damit verbundene Bereitschaft zur möglichst hohen Präsenz bestehen darin, die Lebenslagen der Menschen theologisch zu deuten und sich dies auch zuzutrauen. Für die Predigtperson gilt es also, sich vom Wort und dem erhobenen Sachgehalt leiten zu lassen und selbst auch zur leitenden Deutung bereit zu sein. Dabei sollte sie sich als aufmerksame Beobachterin religiöser Gegenwartsphänomene in der ganzen Breite des Lebens und zugleich als neugierige und empathische Betrachterin der Belange der Welt zeigen.

Aufgrund ihrer Ausbildung und Erfahrung steht der Pfarrperson die Aufgabe des Wortkünstlers und der wortmächtigen Deuterin entscheidender Lebens- und Weltzusammenhänge gut zu Gesicht. Die bereits erwähnte Trias einer Theologie in den öffentlichen Kontexten von Gesellschaft, Kirche und Universität legt es nahe, vom Theologen und der Theologin als *citizen, intellectual* und *believer*[5] zu sprechen.

Damit tritt zugleich der gegebene und immer wieder neu durchzubuchstabierende Zusammenhang zwischen homiletischer Reflexion und biografischer Erfahrung deutlich vor Augen. Ein theologisch gedeutetes Verständnis des eigenen Lebens bzw. der theologisch «fundierte» aufmerksame Blick auf das eigene Leben ermöglicht in besonderer Weise den aufmerksamen und interessierten Dialog mit der potenziellen Hörerschaft. Erst von einer Grundaufmerksamkeit für die eigene Person im Sinn der Selbst-Sorge ist sorgsame Rede um des Anderen willen überhaupt möglich.

Dies bedeutet aber auch, dass von Seiten der Pfarrperson streng genommen nur dann zur Sprache gebracht werden kann, was andere einst gesprochen und geschrieben haben, wenn es zugleich mit den eigenen Erfahrungen verknüpft werden kann. Pfarrpersonen übernehmen im Sinn aufmerksamer Rede damit in gewisser Weise eine avantgardistische Aufgabe, deren Weg am Ort

---

[4] Vgl. dazu *Dober*, Evangelische Homiletik, 54f.

[5] Vgl. *Okey*, The Public Vocation.

der eigenen persönlichen Erfahrung und des freien Durchdenkens beginnt. Um es in rhetorischer Semantik zu formulieren: Die «Glaubwürdigkeitskomponente beim Oratorethos»[6] beeinflusst den Rezipienten nachdrücklich.

Und dafür steht ihnen der theologischen Sache und ihrem Auftrag nach alles Wesentliche gleichsam frei zur Verfügung: Aus guten theologischen und beruflichen Gründen haben sie die Freiheit zum unkonventionellen und sperrigen Reden und Handeln. Das Spezifische dieses Wortgeschehens und des ganzen Berufs ist, dass auch das gesagt werden kann und soll, was sich aus unterschiedlichen Gründen andere nicht zu formulieren trauen. Damit mögen sich Pfarrpersonen zwar im Einzelfall offener und eindeutiger Rede unbeliebt machen und auch durchaus in Konflikt zu gemeindlichen Auffassungen, behördlichen Vorgaben und landeskirchlichen Leitlinien geraten. Im Sinn der individuellen Gewissenprüfung und -entscheidung ist damit aber notwendigerweise zu rechnen.

Diese Überlegungen sollen nun hinsichtlich der immer wieder angemahnten politischen bzw. mindestens politisch relevanten Bedeutung des Predigens weiter konkretisiert werden:

In politischen und gesellschaftsaktuellen Fragen wird an Pfarrpersonen und ihr Auftreten immer noch – wenigstens gelegentlich – der Wunsch herangetragen, aufklärend zu wirken, aufrüttelnd zu reden, gar prophetisch und visionär zu formulieren und gegebenenfalls die nötigen deutlichen Worte zu finden und zu sprechen. Nun sollte es tatsächlich nicht nur zum guten Ton, sondern zur selbstverständlichen Predigtpraxis gehören, in sensibler und wachsamer Weise die eigene Deutung der Weltlage ins Gespräch zu bringen. Und dass dabei im Einzelfall auch in produktiver Weise Unruhe gestiftet und Selbstverständlichkeiten in Frage gestellt werden, versteht sich dem pastoralen Auftrag nach von selbst.

Dass es dabei in aller Regel nicht um parteipolitische Positionierungen gehen kann, sondern die Kriterien für die jeweilige Konkretisierung aus der je eigenen Interpretation des Evangeliums zu schöpfen sind, ist ebenso deutlich zu betonen. Entscheidende Orientierungsmarken für eine solche Rede sind jedenfalls aus dem Grundgedanken der Geschöpflichkeit des Menschen und seiner Würde zu gewinnen und nicht in erster Linie den alltäglichen Zeitungskommentaren abzulesen. Genauso problematisch wäre allerdings eine mutlose Lauheit oder eine Art pastoraler Ignoranz angesichts der weltlichen Verhältnisse. Bedenkenswert ist hier der Hinweis, dass prophetische Rede nicht einfach ein irgendwie zu wählendes homiletisches Programm darstellt, sondern als «Predigt des Handelns Gottes fundiert» ist und gleich-

---

6 *Knape*, Was ist Rhetorik?, 74.

zeitig einer «Berufung zur Zeugenschaft» folgt, «die vor allem für Predigende selbst risikoreich ist.»[7] Tatsächlich ist zu fragen, ob nicht Ernst Langes Rede von der ‹Situation der Anfechtung› angesichts der gegenwärtigen Verhältnisse wieder so breit aufzufassen ist, «dass sie eine Kategorie bildet, die sich auch auf den ideologischen, kulturellen und sozio-ökonomischen Kontext des Hörers bezieht.»[8] Damit wirft die homiletische Frage nach der politischen Predigt bzw. einem politisch relevanten Predigen unweigerlich die Frage nach der öffentlichen Rolle und dem Selbstverständnis der Predigenden im Sinn einer hermeneutisch verankerten Berufs- und Verantwortungsethik[9] auf.

Dies beginnt schon mit der Einsicht in die äußeren Anforderungen einer Deutung, die in der Komplexität der Weltverhältnisse selbst begründet ist. Zudem ist zu berücksichtigen, dass politisch relevante Orientierung natürlich längst und in sachkundiger Weise an ganz anderen Orten und in anderen medialen Formen als denen der Predigt geschieht. Deshalb hat sich der Predigende in aller selbstkritischen Haltung zu fragen, wie groß tatsächlich das Bedürfnis nach einer Stimme ist, die die politischen Verhältnisse der Welt interpretiert oder sich gar als eine Art Vertretung des öffentlichen Gewissens präsentiert – ganz zu schweigen von einem solchen problematischen Fall, bei dem sich die öffentliche Deutungsabsicht in erheblicher Diskrepanz zur Sachkenntnis hinsichtlich des behandelten Themas darstellt. In einem solchen Fall muss jeglicher Anspruch auf Avantgarde schlichtweg als Überforderung erscheinen.[10]

Natürlich sind, wie bereits erwähnt, die Anforderungen und Wünsche der Hörerschaft so unterschiedlich wie die Lebenswelten und Lebenssituationen, in denen diese sich verorten. Offenkundig erwartet die Mehrheit der Hörerschaft aber doch gerade jemanden, der in den bestehenden Unsicherheiten, Komplexitäten und Dynamiken ein Element des Ruhigen und Verlässlichen verkörpert. Gefragt ist von der aufmerksamen Kanzelrede eher eine versöhnende als eine spaltungsbereite Grundhaltung. Soll man sich also in sperriger Weise auf bestimmte biblische und kulturelle Traditionen einer öffentlich-politischen Predigt beziehen, selbst wenn man sich dabei der Gefahr aussetzt, seine Hörergemeinde vor den Kopf zu stoßen?

Gerade vor dem Horizont aufmerksamkeitsorientierter Rede scheint es hilfreich, zwischen *möglichen* und *notwendigen* Anlässen für eine politisch

---

[7] *Schwier*, Von Gott reden, 57.
[8] So in kontextanalytischer und ideologiekritischer Hinsicht *Bouwer*, Konturen einer prophetischen Homiletik, 111.
[9] Vgl. *Dober*, Evangelische Homiletik, 151.
[10] Vgl. zur politischen Predigt *Grözinger*, Toleranz und Leidenschaft, 183ff.

relevante Predigt zu unterscheiden. Es führt jedenfalls zur erheblichen Absenkung des Hörerinteresses und zu Desensibilisierungen der ganz eigenen Art, wenn gleichsam jedes nur mögliche politische Thema immer wieder zum Hauptgegenstand des Predigens gemacht wird. Das sonntägliche Agendasetting durch die jeweilige thematische Schwerpunktsetzung erfordert folglich für die Frage der Auswahl der Predigtinhalte aufmerksame Zurückhaltung. Und so wird ganz zu Recht und mit Rekurs auf Schleiermacher gemahnt: «Das Anliegen der politischen Predigt besteht darin, ‹das Politische in religiöser Beziehung hinzustellen›. Das muß aber wahrlich nicht bei jeder Predigt passieren.»[11]

Die Kunst besteht, wenn man dieses Wagnis aber eingeht, darin, Text und Auslegung so zur Sprache zu bringen, dass die Folgerungen des Predigenden als plausible und legitime Übersetzungsmöglichkeiten in den gegenwärtigen Kontext erscheinen. Die Herausforderung ist es, sich als jemand zu zeigen, der die Weltverhältnisse aufmerksam wahrzunehmen, Nöte deutlich zu markieren, mit den Komplexitäten der Weltlage klug und sachlich umzugehen und zugleich eine alternative, wahrhaftig mitmenschliche Sicht auf die Verhältnisse einzunehmen vermag. Politische Predigt ist diskursive Rede,[12] ist Gegenrede und Gegenentwurf. Sie ist parteiliche Hilfestellung beim Widerspruch der Ohnmächtigen gegen die Mächtigen. Das ist aus durchaus guten Gründen als ihr Kerngeschäft und Proprium zu bezeichnen.[13]

Weil die Anforderungen an die theologisch-ethische Kompetenz in dieser Hinsicht so komplex wie «wechselhaft» sind, sollte dies weder zu verzweifelten Akten der Zementierung noch zur permanenten Infragestellung der eigenen Meinung führen. Schon gar nicht ist angesichts der faktischen Problemlagen von der Unmöglichkeit zu predigen zu sprechen, sondern vielmehr von der unbedingten Notwendigkeit – zumindest in ethischer Hinsicht.

Die Überzeugungskraft des politisch relevanten Predigens hängt schließlich nicht unwesentlich daran, ob sich damit konkrete öffentliche Aktivitäten verbinden. In der Haltung des Handelnden sollte plausibel erkennbar werden, mit welchem theologischen Anspruch politisch relevant und aufmerksam geredet werden will. Pfarrpersonen haben etwa im Sinn einer scharfen Präsenz des Wortes die politische Relevanz ihrer Rede im Idealfall nicht nur durchdacht, sondern auch selbst erlebt und erprobt. Sind die Worte hingegen durch die persönlichen Haltungen und Aktivitäten der Predigenden nicht gedeckt, bleiben sie bestenfalls belanglos. Die Reichweite der politisch relevan-

---

[11] *Thiele*, Geistliche Beredsamkeit, 179.
[12] Vgl. *Hoffmann*, Ethisch und politisch predigen, 171 u. ö.
[13] Vgl. *Grözinger*, Die Kirche soll sich auf ihr Eigentliches besinnen.

ten Artikulation dürfte jedenfalls umso überzeugender erscheinen, je stärker sich aus ihr heraus konkrete Folgerungen entfalten. Die «großen» politischen Themen müssen jedenfalls auch auf ihre zivilgesellschaftlich möglichen Aktivitätsformen und lokalen Umsetzungsmöglichkeiten hin bezogen werden. In welchem Sinn dabei auch die Kirchengemeinde selbst eine deutende Aufgabe übernehmen kann, davon wird noch die Rede sein.

Grundsätzlich sei an dieser Stelle erwähnt, dass die politisch relevante Predigt keineswegs die einzig mögliche oder legitime Ausrichtung aufmerksamkeitsorientierter Rede darstellt. Prinzipiell lässt sich eine solche Perspektivierung im Blick auf jedes Thema durchspielen und ist keineswegs auf die «großen» politischen Fragen zu begrenzen. Im Gegenteil können gerade persönlich betreffende Aspekte und Situation ebenso intensiv aufmerksamkeitsorientiert thematisiert werden, was im Zusammenhang der Kasualpredigt nochmals genauer verdeutlicht werden wird.

Diese Hinweise auf pastoraltheologische Zusammenhänge und mögliche Konsequenzen aufmerksamer Rede sind – um nochmals den Bogen zum Beginn der Ausführungen dieser Studie zu schlagen – grundsätzlich im Horizont der Einsicht anzusiedeln, dass die jeweiligen Zielsetzungen immer mit einem schwer vorhersagbaren Rezeptionsverhalten auf Seiten der Hörenden verbunden sind. Ob das jeweilige Deutungsangebot der Predigt für plausibel und relevant gehalten wird, entscheidet sich von Beginn an auf Seiten jeder und jedes einzelnen Hörenden selbst. Daraus sollte nicht Frustration, sondern vielmehr eine Grundtugend homiletischer Gelassenheit abgeleitet und entsprechend gepflegt werden.

Von diesen Überlegungen aus sind nun konkrete Schritte für die generelle Vorbereitung, Durchführung und Nachbesprechung der Predigt ableitbar. Die im Folgenden entfalteten Einzelschritte mögen sich *prima facie* nicht wesentlich von den üblichen Anleitungen zur Predigtpraxis unterscheiden. Allerdings sollen diese nochmals dezidiert auf den Aspekt der Aufmerksamkeit hin konkretisiert werden.

9. Predigen als Aufmerksamkeits-Kunst

9.1 Die Kunst wahrnehmender Aufmerksamkeit: Konsequenzen für die Vorbereitung

Aufmerksamkeitsorientiertes Predigen beginnt damit, sich auf Text, Situation und das mögliche Thema so intensiv wie nur irgend denkbar einzulassen. Dieser Hinweis ist nun so selbstverständlich wie zugleich herausfordernd und schwierig. Denn was heißt es, sich tatsächlich auf die genannten Grundaspekte einzulassen und wie kann dies im Einzelfall vor sich gehen?

Die grundsätzliche Herausforderung besteht ja darin, dass Text, Situation und Thema zwar in gewisser Weise bereits «gegeben» sind, allerdings ihre genauere Erschließung immer erst noch zu leisten ist bzw. aussteht: «Die Frage nach dem Wer der Erfahrung [...] entscheidet sich im Erfahrungsgeschehen selbst.»[1] Angesichts der zu erwartenden Komplexität ist der Annäherung an diese Aufgabe in der Vorbereitung die größtmögliche Aufmerksamkeit zu widmen. Für die Predigtperson bedeutet dies: «Richten Sie Ihre Aufmerksamkeit auf alles, was in diesen Tagen Ihre Aufmerksamkeit erregt. [...] Richten Sie Ihre Aufmerksamkeit auf die homiletische Situation.»[2]

Damit dies aber nicht sogleich als eine Art Gebrauchsanleitung verstanden wird, sei nochmals betont, dass Predigtvorbereitung vor allen Einzelüberlegungen eine bestimmte innere Haltung unbedingt voraussetzt. In hermeneutischer Perspektive kann auch vom Text als «fremden Gast» die Rede sein, der vom Vorbereitenden der Predigt gleichsam als Gegenüber willkommen geheißen werden kann.[3]

Diese Vorbereitung lässt sich, theologisch gesprochen, näher als Grundgestimmtheit darauf hin charakterisieren, was von Gott her für das Verkündigungsereignis erwartet und worauf im Hinblick auf das Gelingen dieser Rede vertraut werden darf.

Gelingende Vorbereitung lebt von der hoffnungsvollen Imagination, dass sich durch die nähere Betrachtung von Text, Situation und der Entwicklung eines Themas Wesentliches ereignen kann. Aus einer regelmäßigen Praxis der *meditatio* – etwa durch bewusste stille Zeit oder das Durchdenken des Losungsworts – können sich über spontane Assoziationen und Einfälle hinaus tiefer grundierte Einsichten in Zusammenhänge ergeben. Aufmerksame Rede bedarf eines «vorgängigen Ruhe-Raum[s] im exegetisch-hermeneu-

---

1 *Waldenfels*, Phänomenologie, 42.
2 *Wagner-Rau*, Hinweise zur Predigtarbeit.
3 Vgl. *Weder*, Neutestamentliche Hermeneutik, 434.

tischen Getriebe.»[4] Erinnert sei in diesem Zusammenhang auf den programmatischen Zusammenhang von Gebet und einer Haltung der Aufmerksamkeit: «Im Gebet richtet die Seele alle Aufmerksamkeit, deren sie fähig ist, auf Gott.»[5] In diesem Fall ist es möglich, dass «der Prediger als erster Hörer des Textes [...] in seiner Aufmerksamkeit über sich selbst hinausgeführt»[6] wird. Oder um es schön und prägnant zu sagen: «Aus dem Hören erwächst die Zuversicht, selbst etwas zu sagen zu haben.»[7]

Es sei doch hier nochmals ausdrücklich betont, dass es nur durch die intensive Exegese und Auseinandersetzung mit dem jeweiligen Text überhaupt möglich wird, «den verfremdenden Bedeutungsgehalt eines Textes und damit zugleich sein konstruktiv irritierendes Potenzial zu erschließen.»[8] Gefragt ist also die seismografische Aufmerksamkeit und Sensibilität für den unerwarteten Eindruck und Einbruch des Textes und seiner möglichen Aussagekraft für den Kontext, in dem die Predigt konkret entsteht. Aber auch Gemeindekontakte und überhaupt ein waches Wahrnehmen der lokalen und weiter reichenden Zeitumstände während der Woche schärfen eben die Aufmerksamkeit für das, was gesagt werden kann, ja vielleicht sogar gesagt werden muss.

Dass all dies nur unter intensiver Einbeziehung der eigenen Person entwickelt werden kann, dürfte unmittelbar einleuchten. Das homiletische *carpe verbum* besteht hier folglich darin, in der Vorbereitung immer auch danach zu streben, existenzielle Fragen und die eigene individuelle Existenz mit auf den Punkt zu bringen. Erst wenn eine solche Grundhaltung den atmosphärischen Raum der Vorbereitung bestimmt, kann die Annäherung an Text, Situation sowie an ein mögliches Thema gewagt werden.

Aber auch hier genügt es nicht, mit gleichsam kühl analytischem Blick vorzugehen. Vielmehr erfordert auch die Sondierung der genannten Aspekte eine besondere Aufmerksamkeit und zudem das innere Bedürfnis, diesen wirklich auf den Grund gehen zu wollen: Nicht «Was willst du sagen?», sondern «Was *willst* Du mit dem, was du sagst?» ist die «zentrale Leitfrage, in der jede Predigtvorbereitung kulminieren und an der sich eine ausgearbeitete Predigt messen lassen muss.»[9] Im Blick auf Text und Situation sind dabei ein echtes Interesse und eine Leidenschaft der oder des Vorbereitenden an den tradierten und an den gegenwärtigen Sprach-, Vorstellungs- und

---

4 *Bieritz*, Zwischen-Räume, 144.
5 *Weil*, Aufmerksamkeit für das Alltägliche, 76.
6 *Moser*, Mit Altem Neues schaffen, 133.
7 *Büchsel*, Die unterschätzte Bedeutung des Hörens in Bildungsprozessen, 13.
8 *Karle*, Das Evangelium kommunizieren, 22.
9 *Lütze*, Absicht und Wirkung, 295 (Hervorhebungen im Original).

Lebenswelten als den unhintergehbaren Bedingungen aller Rede zu entwickeln.

In diesem Sinn ist die Bereitschaft zur empathischen Grundaufmerksamkeit für die Hörenden entscheidend: So muss sich der Predigende schon in diesem Rahmen der Vorbereitung ernsthaft und ebenso leidenschaftlich fragen, wie er die Menschen selbst vor Augen hat, wie bedeutsam diese ihm selbst sind und welcher Zu-Sage sie aus seiner Sicht bedürfen. Dazu hilft es, sich in der Vorbereitung selbst – auch wenn dies leicht überbordend klingen mag – als Staunender wahrnehmen und erleben zu wollen: «Der Prediger selbst wird die Verwunderung beim Predigteinfall empfinden. In der Verfremdung gibt er sie weiter. Routine und Selbstverständlichkeit, die die Aufmerksamkeit der Predigthörer unterminieren, werden aufgebrochen.»[10] Solidarisch-aufmerksam wäre hier eine solche Haltung, in der die Predigende mit den Hörenden gemeinsam an der Verborgenheit Gottes leidet und gemeinsam mit ihnen nach Gottes Zuwendung fragt – und, wenn sie diese Zuwendung entdeckt, diese voller Freude mitteilt. Eine solche Haltung schließt sich eng an die Vorstellung der Predigt als einer tentativen Rede an, die erkundenden, versuchsweisen, vorsichtigen und vorläufigen Charakter hat. Nicht selten verläuft dies dann wie die Annäherung im guten, vertrauten Gespräch: «Wenn ich einem Freund oder einer einer Freundin erklären will, weshalb mich die Verse von Kohelet bewegen, rede ich nicht so, dass sich die Lektüre des Kohelet erübrigt. Ich versuche so zu reden, dass sich unser beider Aufmerksamkeit auf den Text richtet, und ich versuche mitzuteilen, was mir in diesem Text zum Zeichen wird und inwiefern mit etwas zum Zeichen wird.»[11]

Diese Aufmerksamkeitsorientierung schließt von Beginn an die Frage nach der geeigneten Ausdrucksform ein. Ganz zu Recht wird gegenwärtig von der Notwendigkeit einer Bilingualität in Hinsicht auf die kommunikative Vermittlung theologischer Einsichten mit «weltlichen» Überzeugungen gesprochen.[12]

Vermutlich ist aber Zweisprachigkeit angesichts der komplexen Voraussetzungen und Herausforderungen im Predigtgeschehen eher noch zu binär und klein gedacht. Anzustreben ist vielmehr eine Form des Sprechens, die sich durch eine noch einmal sehr viel integrations- und interpretationsoffenere Form auszuweisen versteht. Ohne den Sinn für Überraschendes – der übrigens eine erhebliche Bereitschaft zu ganz neuen Rezeptionserfahrungen vo-

---

10 *Thiele*, Geistliche Beredsamkeit, 91.
11 *Anderegg*, Über die Sprache des Alltags, 377.
12 Vgl. *Bedford-Strohm*, Position beziehen.

raussetzt! – wird auch alles Predigen früher oder später die bereits angedrohte Langeweile erzeugen.

Dabei gehört zu dieser Form der sich annähernden Aufmerksamkeit auch die Einsicht, dass alles auch anders sein könnte, und dies nicht selten schon im nächsten Moment bzw. mit dem nächsten Augenblick. Dass sich Situationen von einem auf den anderen Moment grundstürzend ändern können, stellt dabei nicht erst eine gegenwärtige, sondern schon eine biblisch-theologische Grundeinsicht dar.

Dies soll nun beileibe nicht bedeuten, dass damit jede Auslegung beliebig und damit letztlich belanglos ist. Sondern gemeint ist hier vielmehr, dass es gute Gründe für eine bestimmte Fokussierung geben kann, die allerdings unter anderen Bedingungen auch ganz anders ausfallen kann. Interessanterweise stellt sich bei manch erfahrener Pfarrperson, wenn eigene alte Predigten gesichtet werden, nicht selten die Erfahrung ein: «Das ist alles richtig, was ich da gesagt habe. Und trotzdem würde ich es heute wohl nicht mehr so sagen.» Über die überraschungsoffene Haltung hinaus ist eine solche selbstrelativierende Einsicht in die eigene Deutungspraxis insofern notwendig, als damit immer auch ganz anderen Deutungsmöglichkeiten ihr Recht zugestanden wird.

Ein solches Moment trägt damit keineswegs wahrheitsrelativierende Züge oder ist dem Zeitgeist geschuldet, wie dies von evangelikaler Seite gerne behauptet wird. Sondern damit wird einerseits die faktische Pluralität der Deutungskontexte und -personen aufgenommen, andererseits werden die Grenzen menschlicher Wahrheitsfindung ernst genommen. Dies hat seinen prägnanten biblischen Ausdruck und seine Grundperspektive in der biblischen Erkenntnis: «Meine Gedanken sind nicht eure Gedanken und eure Wege sind nicht meine Wege.» (Jes 55,8)

9.2 Die Kunst anhaltender Aufmerksamkeit: Konsequenzen beim Halten einer Predigt

Aufmerksamkeitsorientierte Rede ist konsequenterweise nicht nur im Kontext der Vorbereitung zu profilieren, sondern stellt sich auch im Redegeschehen als mögliche und notwendige Perspektive ein: Im Reden, durch das das Selbst sich hörbar macht, kommt es wieder auf sich zurück.[13] Eine solche Formulierung scheint nun sogleich an ihre Grenze zu gelangen, da ja *prima facie* eine unmittelbare Interaktion zwischen Redenden und Hörenden in dieser Situation, jedenfalls im Sinn eines ausdrücklichen Sich-Aufeinander-

---

13 Vgl. *Waldenfels*, Phänomenologie, 193.

Beziehens, eigentlich kaum denkbar ist – sieht man einmal davon ab, dass in einem energetischen Sinn durchaus von einer gemeinsamen Atmosphäre gesprochen werden kann.

Ist es aber nun denkbar, als Redender im Vollzug tatsächlich für Neues aufmerksam zu werden oder ist im Moment des Beginns der Rede der kreative Akt tatsächlich bereits abgeschlossen und damit die Predigt für den Predigenden längst vorbei, während sie für die Hörenden erst beginnt? Mit der Annäherung an diese Fragen in diesem Abschnitt wird zugegebenermaßen dünnes Eis betreten. Denn sicherlich ist diese Form einer *Aufmerksamkeit im Prozess* unter den drei genannten Aufmerksamkeitsformen am schwierigsten vorzustellen und am wenigsten zu machen.

Zu Recht ist homiletisch immer wieder darauf hingewiesen worden, dass trotz der einseitigen Kommunikationssituation der Predigt von einer erheblichen Responsivität zwischen den beteiligten Akteuren auszugehen ist. Denn natürlich finden während der Predigt intensive wechselseitige Wahrnehmungen statt. Diese umfassen bekanntermaßen nicht nur den äußeren Eindruck und körpersprachliche Signale, sondern ebenso den Klang der Stimme, den Augenkontakt und auch die gemeinsam geteilte Atmosphäre des konkreten Raumereignisses und Ereignisraums. Die bereits im Zusammenhang der Predigtvorbereitung angesprochene seismografische Aufmerksamkeit und Sensibilität für den unerwarteten Eindruck und auch für den Einbruch des Textes kann somit auch auf die Situation des Redens übersetzt werden.

Der Predigende steht, obwohl er seine Vorbereitung längst abgeschlossen hat, vor der Herausforderung, sensibel und wachsam wahrzunehmen, was sich im Moment seiner Rede gleichsam sichtbar und spürbar tut: «Erst im Angesicht der Hörer erschließt sich ihm ganz, was er vorher bedacht hat. Die Resonanz der Gemeinde verfremdet und erneuert die erarbeiteten Einsichten.»[14]

Aber nicht der bohrende Blick gibt der Wahrnehmung ein aufmerksames Angesicht, sondern die bescheidene Suche nach dem korrespondierenden Gegenüber der Hörerschaft. Im besten Fall verbinden sich hier Geistesgegenwart und Taktgefühl der Predigerin in einer aufmerksamen und zurückhaltenden Grundhaltung. Hörerinnen und Hörer wollen und müssen im Verlauf der Predigt auch einmal in Ruhe gelassen werden[15] bzw. eben über ihre Aufmerksamkeitsbereitschaft ganz alleine entscheiden. Man könnte auch

---

14 *Deeg/Meyer-Blanck/Stäblein*, Präsent predigen, 14.
15 Vgl. *Deeg*, Die Leidenschaft für den Text, 75.

hier konsequenterweise argumentieren: «Wer mit seinen Gedanken woanders ist, ist vielleicht auf dem Sprung zu neuen Gedanken.»[16]

Dem liegt hier zudem die Einsicht zugrunde, dass alles Gesagte *eben auch ganz anders gehört werden könnte* als intendiert. Zudem kann es ganz banale Gründe für unterschiedliche Aufmerksamkeitsgrade und -bereitschaften geben, die ihrerseits durchaus ihre Berechtigung in sich tragen. Exemplarisch sei hier die ganz und gar freie Wort-Wahrnehmung der 18-jährigen Anna im Gottesdienst zitiert: «Der freundliche schwarze Mann [...] hat tatsächlich die Gabe, mich zum Denken zu bringen. Nicht mit dem, was er sagt. Das höre ich zwar, aber eigentlich nicht wirklich, sondern bloß den Wortteppich, der sich irgendwie feierlich in der großen Kirche verteilt. Und darüber breite ich dann meine eigenen Gedanken.»[17]

Würde die Predigtperson diese Kunst der möglichst genauen Wahrnehmung *in actu* hingegen unterlassen, wäre er von der Gefahr, seine Hörerschaft ganz grundsätzlich außer Acht zu lassen, nur wenig entfernt. Somit ist – so paradox dies klingen mag – während des Redens eine Form der möglichst hohen Interaktionsbereitschaft von Seiten des Predigenden und damit ein echtes Angebot der Dialogizität unbedingt anzustreben. Eine solche Kunst ist allerdings nun nicht mit einer anderen, durchaus nicht unbeliebten Form der Aufmerksamkeitserzeugung *in actu* zu verwechseln, nämlich der gleichsam rhetorisch angeleiteten punktuellen Mobilisierung. Um hier die Einsicht einer erfahrenen Pfarrperson aufzunehmen: «Wenn Prediger meinen, mit oberflächlichen Gags und rhetorischen Tricks Aufmerksamkeit erzeugen zu müssen, sind sie gerade nicht bei der Sache, sondern wirken dann eher peinlich.»[18]

Zugleich ist natürlich unbestreitbar, dass diese Bereitschaft zur aufmerksamen Rede und zur entsprechenden Flexibilität im Predigtprozess ein erhebliches Wagnis darstellt. Zum einen mögen die Reaktionen der Hörenden die Wahrnehmung des Predigenden schlichtweg täuschen. Klassisches Beispiel ist das bekannte und in der Regel höchst irritierende Verlassen des Kirchenraums durch einen Hörenden während der Predigt, wofür allerdings ganz andere Gründe relevant sein können als der Ärger über das gesprochene Wort. Aber auch feinere Signale können täuschen, seien es ein erkennbares Gähnen, ein als wohlwollend wahrgenommenes Nicken, die höchst interpretationsbedürftigen verschränkten Arme, das Lächeln eines Hörenden oder das

---

16 *Waldenfels*, Phänomenologie, 105.
17 Zit. nach *Heyen*, Warum die Predigt das 21. Jahrhundert überleben wird, 145f.
18 So einer der frühen Leser des ersten Entwurfs dieses Manuskripts, Pfarrer Walter Scheck.

ebenfalls durchaus verunsichernde Stirnrunzeln und gar das Tuscheln in der Kirchenbank. Soll man auf diese Wahrnehmungen wirklich eingehen und was tragen diese zur Fundierung aufmerksamer Predigtrede bei? Gemeint ist jedenfalls nicht, dass der Predigende den Eindruck erwecken sollte, als nähme er jede einzelne Reaktion in den Kirchenbänken mit scharfem Blick wahr und müsse dies auch sogleich artikulieren. Bestimmte Beobachtungen sind nicht dazu da, überhaupt mitgeteilt zu werden.

Vielmehr ist es ratsam, zuerst einmal in aller Sensibilität wahrzunehmen, welche Reaktionen die gesprochenen Worte unter Umständen auslösen könnten. Von dort her ist dann mindestens versuchsweise zu überprüfen, ob die eine oder andere vorgesehene folgende Sequenz oder mancher Ausdruck möglicherweise verändert, erläutert, ersetzt oder sogar ganz weggelassen werden sollte. Dass dies im Einzelfall sowohl von der Anzahl der Hörenden wie von der Vertrautheit mit ihnen abhängt, versteht sich von selbst. Man denke hier etwa nur an den klassischen Fall der im Gottesdienst erschienenen Angehörigen eines wenige Tage zuvor Verstorbenen, die beispielsweise bewusst gekommen sind, um die Mitteilung über den Tod an die Gemeinde und den Namen des Verstorbenen zu hören. Hier sollte unbedingt versucht werden, wenigstens für einen Moment der Predigt eine Verbindung zu dieser sehr persönlichen Situation herzustellen.

Bestenfalls punktuell und in jedem Fall mit erheblicher Vorsicht und Zurückhaltung können dann auch einmal die eigenen Vermutungen explizit mitgeteilt werden. Unbedingt zu vermeiden ist aber auch dabei jede Form von Bedrängen. Dieses kann im direkten, unangemessen langen Blick auf die Hörenden ihren unheilvollen Anfang nehmen, wenn dieser als anklagend, gar übergriffig oder schlichtweg als bedrückend erlebt wird. Dann aber muss mit dem Gegenteil intendierter Wirkungen gerechnet werden. In diesem Sinn gehört zur aufmerksamen Rede im Vollzug unbedingt auch der Schutz der Intimität der Hörenden.

Schließlich ist der Predigende natürlich auch im Akt selbst ein Hörender. Oder um es prägnant zu sagen: «Weil aber die Rede eitle Selbstdarstellung und der Blick des Predigers auf die Hörer gierig werden kann, braucht es noch eine dritte Geburt der Predigt, dass sie nämlich nicht nur Schreibe und Rede, sondern auch eine Höre wird.»[19]

Insofern tut der Predigende gut daran, nicht nur seinen eigenen Gedanken zu folgen, sondern sich auch selbst zuzuhören. Die Erfahrung, «neben sich zu stehen», sollte insofern nicht einseitig als Problem angesehen werden. Son-

---

19 *Möller*, Für die Seele sorgen, 47.

dern vielmehr kann dies eine kompetente Fähigkeit darstellen, sich in den eigenen Aktivitäten aufmerksam und selbstkritisch wahrzunehmen. Was pädagogisch zu Recht als notwendiger Perspektivenwechsel benannt wird und mit der Kunst verbunden ist, sich selbst über die Schulter zu schauen, darf auch für den Predigenden eine inspirierende Orientierung zur eigenen Selbsteinschätzung sein.

Es ist durchaus denkbar und sogar sachlich angebracht, sich selbst für den dichten Moment der eigenen Rede auch dann nochmals neu zu öffnen, wenn die Dinge scheinbar durch die Vorbereitung bereits weitgehend durchdacht sind. Orientierung vermag hier die biblische Weisheit zu verschaffen, wonach wir uns nicht selbst predigen (2Kor 4,5). Hier ist die Kunst gefragt, im eigenen Sprechen auf das zu hören, worauf der Text über das bisher Gedachte hinaus aufmerksam macht – man könnte hier sozusagen von einer homiletischen Variante der Rede – von der allmählichen Verfertigung der Gedanken beim Sprechen reden.[20]

Konkret beinhaltet dies die Bereitschaft, im Reden selbst noch einmal sowohl dem Text wie der eigenen Rede selbst kritisch zuzuhören und damit den Akt der Reflexion selbst in den Vorgang des Vollzugs zu integrieren – und gegebenenfalls eigene erweiterte oder revidierte Einsichten mit in die Darstellung *in actu* einfließen zu lassen.

Gelegentlich mag es also sogar notwendig werden, sich geradezu selbst ins Wort zu fallen. Dies ist kein Aufruf zur pastoralen Schizophrenie, sondern eher die Ermutigung, die eigenen, im Voraus konzipierten Worttexte nicht sklavisch ernst zu nehmen, wenn sich im Moment der Rede Sinnvolleres aufdrängt und in das Geschehen hineindrängt. Es scheint jedenfalls einen Versuch wert, immer wieder einmal den hoffentlich mit sich selbst schon in der Vorbereitung ausgetragenen Dialog auch auf der Kanzel weiterzuführen. Dies muss dann von den Hörenden gar nicht notwendigerweise als Irritation erlebt werden, sondern vermag gegebenenfalls sogar besondere Lebendigkeit zu erzeugen.

Zu einem aufmerksamkeitsorientierten Predigtstil gehört jedenfalls das Imaginieren möglicher Diskussionspunkte in Rede und Gegenrede, Frage und Antwortversuch. Insofern trägt die Predigt selbst den Charakter eines versuchsweise nachgezeichneten oder vorweggenommenen Dialogs. Nimmt der Prediger vermutete Fragen der Zuhörerschaft auf, zeigt er, dass er sich in die Adressaten hineinfühlen und hineindenken kann. Erinnert sei daran, dass

---

[20] Dies gilt auch dann, wenn M. Meyer-Blanck diese Figur Kleists auf die Predigtvorbereitung begrenzt sehen will, denn Inventionen können sich natürlich ebenso während des Predigtvollzugs ereignen, vgl. *Meyer-Blanck*, Homiletische Präsenz, 51f.

Paulus interessanterweise durch die sogenannte Diatribe – das imaginierte dialogische Gespräch – als rhetorisches Ausdrucksmittel Aufmerksamkeit bei den Lesenden initiiert hat (vgl. etwa Röm 3,9; 6,15), nicht zuletzt auch durch rhetorische Fragen (Röm 2,1.21).

Wie auch immer man nun in rhetorischer Hinsicht mit diesen Aufmerksamkeitsaspekten im Vollzug umgeht: Wichtig ist, sich klar zu machen, dass sich selbst bei bester Vorbereitung Neues ereignen kann, für das der Predigende aufmerksam und offen bleiben sollte. Das mag im Einzelfall tatsächlich hohe Kunst und ein nicht ganz ungefährlicher Grenzgang sein. Gleichwohl sollte dieses Wagnis möglichst intensiver Dialogizität eingegangen werden.

Damit sei nicht für eine nur rudimentäre Vorbereitung plädiert, die alles Wesentliche der Intuition oder Spontaneität überlassen darf. Schon gar nicht sei die ausformulierte schriftliche Fassung in Frage gestellt. Vielmehr ist es womöglich sogar so: Je intensiver und gewissenhafter die eigene Predigtvorbereitung erfolgt und je «sicherer» der Boden der Auslegung ist, desto größer kann auch die Sicherheit werden, sich einem solchen riskanten Vollzug auszusetzen. Dem widerspricht übrigens auch nicht die lobenswerte Praxis, die eigene Predigt Interessierten in Schriftform abzugeben oder ins Internet einzustellen. Allerdings erscheint es wohl hier wie in keinem anderen Fall notwendig, der Veröffentlichung den Hinweis «Es gilt das gesprochene Wort» beizufügen.

Nun ist im Zusammenhang des aufmerksamen Vollzugs über den Akt der Predigt hinaus ganz bewusst der Kontext des gesamten Gottesdienstes als relevanter Aufmerksamkeitsraum[21] mit in den Blick zu nehmen, auch wenn darauf im vorliegenden Zusammenhang nicht intensiver eingegangen werden kann.

Zum einen erzeugt das liturgische Geschehen ganz eigene Formen der Aufmerksamkeit und bringt diese zum Vorschein. Gebet und Lied eröffnen Sprach- und Darstellungsformen, die weiter verdeutlichen können, was die Predigt zum Ausdruck bringen will. Auch hier darf wieder an die grundsätzliche Erschließungsdynamik erinnert werden: «Käme beim Beten nichts auf uns zu, so wäre es purer Ausdruck eines Wünschens, das auf dem Weg ersehnter Wunscherfüllung zu sich selbst zurückkehrt.[22] Im Gebet kommt folglich zum Vorschein, dass die Aufmerksamkeit «nicht nur ein Ziel oder einen

---

21 Vgl. etwa *Mertin*, «und räumlich glaubet der Mensch», sowie *Meyer-Blanck*, Die Predigt in Raum und Ritual.
22 *Waldenfels*, Phänomenologie, 267.

Gegenstand hat, sondern einen Adressaten, der unserer Hinwendung zuvorkommt.»[23]

In der poetischen Gestaltung der Liturgie wird die «ursprüngliche Einheit von Gott, Welt und Menschen im Drama einer Geschichte der Trennung [gefeiert], die als in Zukunft geheilte wieder in den Ursprung zurückgeholt wird.»[24] Damit werden nochmals ganz andere Aufmerksamkeitssignale von Zusprache und Beteiligungsoffenheit möglich. Gefragt ist folglich die Kunst, Aufmerksamkeit immer wieder zu feiern und dieser Hoffnung auf diese Weise sichtbare Gestalt zu geben.

In liturgischen Vollzugsformen ergeben sich, gerade weil die Sinne nochmals in ganz anderer und viel breiterer Weise angesprochen sind, ganz neue Perspektiven, die sich aufgrund des Hörens allein nicht oder sehr viel schwieriger erschließen. Dass Aufmerksamkeit als ein wechselseitiges Erkenntnisgeschehen die leiblichen Ausdrucksmöglichkeiten mit umfasst, ist in der Planung und im Vollzug liturgischen Handelns unbedingt zu berücksichtigen.

Nun befinden sich in der Gottesdienstgemeinde oftmals Personen, die mit dem Ablauf und Geschehen der Liturgie nicht vertraut sind oder für die eine ausschließlich wortgeladene Entfaltung von Sachverhalten einen möglichen Zugang schlichtweg versperrt. Hier stellt es meines Erachtens nach eine unbarmherzige Variante dar, wenn aus liturgischen Gründen keine näheren Hinweise für die «Unkundigen» gegeben werden und alle Orientierungen gar als «Regieanweisungen» diskreditiert werden. Natürlich ist eine Vielzahl erklärender Worte ein liturgisches und auch rhetorisches Ärgernis, weil sie im schlimmsten Fall zu erheblicher Ablenkung zu führen vermögen. Der Gottesdienst verträgt einen Conferencier ebensowenig wie einen pastoralen *pater familias*, der die Seinen permanent an die Hand bzw. unter seine Fittiche nimmt.

Gleichwohl gilt, dass mancher orientierende Hinweis im Einzelfall sehr wohl notwendig ist und in einer den liturgischen Vollzug ernst nehmenden Weise eben gerade aufmerksam erläutert werden kann. Zudem kann ein solches Eingehen auf erkennbare Unsicherheiten in der Gemeinde als ein hochgradig wertschätzendes und Sicherheit gebendes Signal angesehen werden, was der erleichterte Blick manches Kasualgemeindeglieds beredt zum Ausdruck bringt.

Der dichte liturgische Vollzug des Fürbittengebets, aber auch des stillen Gebets kann schließlich eine besondere Tiefe von Aufmerksamkeit ermög-

---

[23] Ebd.
[24] *Heine*, Raum des Textes, 62.

102

lichen. Überhaupt ist die Stille als liturgische Möglichkeit einer gemeinsamen Aufmerksamkeitspraxis in ihrer Bedeutung schlechterdings nicht zu überschätzen: In ihr wird gleichsam das aufmerksame Hören nochmals auf den Punkt der Aufmerksamkeit gebracht: «Aufmerksames Hören – Horchen – setzt im aufhorchenden Schweigen ein. Aufhorchen ist in sich Schweigen, still werden, und als solches Horchen auf eine Stille, die nicht zu überschreien ist.»[25] Wenn solche Momente eröffnet werden, in denen nicht mehr geredet werden muss und auch nicht mehr geredet werden kann, können sich die vorhandenen Aufmerksamkeitsbedürfnisse in ganz besonderer Weise verdichten und ihren Ausdruck finden.

Zugleich stellt natürlich auch in diesen konkreten Predigtvollzügen das Faktum der pluralen Hörerschaft eine wesentliche Bedingung für alle konkreten Handlungen und Signalsetzungen dar. Insofern muss immer auch miteinbezogen werden, dass durch ein bestimmtes aufmerksames Zugehen auf Einzelne im gleichen Moment andere ausgeschlossen werden könnten. Insofern entstehen auch hier immer wieder liturgische Grenzgänge, deren Spannung nicht einfach aufgelöst werden kann. Wichtig ist es für die den Gottesdienst verantwortenden Personen, sich der Gefahren und Chancen eines solchen aufmerksamkeitsorientierten liturgischen Handelns in jedem neuen Fall immer wieder bewusst zu werden.

9.3 Die Kunst nachdenkender Aufmerksamkeit: Konsequenzen für die Nachbetrachtung einer Predigt

Zur aufmerksamen Predigt gehört – geht man von der Grundvorstellung eines Resonanzgeschehens aus – die Offenheit und Bereitschaft, sich Rückmeldungen sowohl in lobender wie in kritischer Gestalt zu stellen. Die Predigt eröffnet sozusagen in jedem Fall das weitergehende Gespräch mit den Hörenden. Die ernsthafte Suche nach «echten» und substanziellen Rückmeldungen durch die Hörenden sollte um einer Einübung in aufmerksamkeitsorientiertes Predigen willen deshalb so häufig und so intensiv wie möglich betrieben werden. Die Prämisse für ein solches Vorgehen liegt in der Einsicht, *dass alles auch ganz anders gehört worden sein könnte*. Es geht also um die offene Aufmerksamkeit für mögliche alternative Deutungen dessen, was man als Predigtperson selbst zum Ausdruck zu bringen versucht hat. Dahinter steht zugleich die wiederum rhetorische Vorstellung des Orators als ein «*Self-in-progress*, einem dynamischen, sich ständig in Sozialität entwickelnden

---

[25] *Espinet*, Phänomenologie des Hörens, 135.

und mit anderen verbundenen Ich.»[26] Hier ist ein möglichst breiter Artikulationsraum für eine angemessene Rückmeldekultur und für unterschiedliche, bildungs- oder milieubedingte Verstehens- und Sprachmöglichkeiten zu schaffen.

Sicherlich kann sich eine allzu häufige oder gar routinierte Form des Feedbacks durch die Hörergemeinde als kontraproduktiv erweisen. Aber punktuelle Gelegenheiten haben durchaus einen wichtigen Effekt. Zudem liegen inzwischen vielfältige Möglichkeiten einer kreativen und abwechslungsreichen Feedbackkultur vor, so dass hier nicht immer wieder in derselben Weise – etwa in Form des manchmal allzu ritualisierten Predigtnachgesprächs – «nachgefragt» werden muss.

Als Form nachgängiger Aufmerksamkeit erscheint nicht die wiederum ja gewissermaßen einseitige Rückmeldung, sondern der dialogische Austausch als angemessen. Im besten Fall wird nach Möglichkeiten gesucht, die durchgeführte Rede ihrerseits für die weitere gemeinsame Deutung zu öffnen. Damit kann dann die Linie von der Vorbereitung über die Durchführung bis zur Rezeption und den daraus möglicherweise folgenden Konsequenzen weiter ausgezogen und entwickelt werden.

Wie bereits betont, können aufwendige Rückmeldungsprozesse wohl in der einzelnen Gemeinde nur punktuell durchgeführt werden – und mit großer Wahrscheinlichkeit ist es auch gar nicht notwendig, dies allzu häufig zu initiieren. Die Herausforderung besteht vielmehr darin, dass die Predigtperson diese exemplarischen Eindrücke selbst in ihrer möglichen Bedeutung für ihre regelmäßige Predigttätigkeit überprüft und daraus jeweils die richtigen und notwendigen Schlüsse zieht. Die nachgängige Aufmerksamkeit beinhaltet folglich auch eine Ehrlichkeit und Offenheit des Predigenden sich selbst gegenüber, um daraus für seine weitere Arbeit so stark wie möglich profitieren zu können.[27]

Schließlich sind auch ungeplante, zufällige Anlässe und Begegnungen, bei denen die Gesprächspartnerinnen und -partner auf die Predigt eher beiläufig zu sprechen kommen und ihre Eindrücke mitteilen, nicht zu unterschätzen. Hier sollte die Predigtperson nicht einfach der Versuchung unterliegen, sich Lob abzuholen. Sondern es können dann durchaus auch einmal

---

[26] So *Knape* im Anschluss an J. Dewey, Was ist Rhetorik?, 44.

[27] Es ist noch auf kollegiale Feedbackkultur hinzuweisen, die hoffentlich nicht mehr primär in einer Fehlersuche besteht; eine schöne Form für die Phase der Predigtausbildung findet sich bei W. Engemann, indem er eine Art Plädoyer-Form entfaltet, durch die verschiedene Personen in Reaktion auf eine Predigt zum Anwalt der predigenden Person, des Textes bzw. der Theologie, der Situation und der Sprache werden sollen, vgl. *Engemann*, Die Problematisierung der Predigtaufgabe, hier v. a. 200–205.

die eigenen offenen Fragen hinsichtlich der konkreten Auslegung angedeutet werden – dies mag dann sogar zum Ausgangspunkt für einen weiterführenden Dialog mit der rückmeldenden Person werden.

Abschließend ist für alle drei Formen der genannten Aufmerksamkeits-Kunst der Vorbereitung, Durchführung und des Nachgangs zu fragen, ob über die Jahre hinweg die genannten Ansprüche aufrechterhalten und diese Grundspannungen in guter Weise gehalten werden können. Im glücklichen Fall kann die positive Spannung im Lauf der Zeit sogar ansteigen, da sich Predigende und zumindest die regelmäßig Hörenden aufeinander einstellen und eine gemeinsame Auslegungspraxis sozusagen zum vertrauten Teil einer gemeindlichen Gesprächskultur werden kann. Eine gewisse Form der Gewohnheit vermag das Verstehen somit sogar zu fördern.

Die beschriebenen Annäherungen an eine aufmerksamkeitsorientierte Predigtkunst setzen bei den Hörenden wie bei den Redenden Formen der regelmäßigen Reflexion dieses Hörens voraus. Es geht damit in diesem Zusammenhang – sowohl was die Inhalte wie die jeweilige Verdeutlichung und Inszenierung sowie unterschiedliche Formen einer Rückmeldungskultur angeht – um sehr viel mehr als methodische Fragen. Auf Seiten der Hörenden öffnet eine solche profilierte theologische Haltung vielfältige Möglichkeiten, sich eigene Gedanken zu machen und eigene Wege zu finden, um den lebensrelevanten Welt- und Existenzbezug des christlichen Glaubens für sich zu entdecken.

Allerdings ist es Teil der professionellen Erfahrung auch des kreativsten Predigtkünstlers, dass sich bestimmte wünschenswerte Grundsätze eben im Lauf der Zeit abschleifen oder schlichtweg nicht mit der notwendigen Energie durchzuhalten sind. Wichtig scheint mir deshalb gerade in der Grundperspektive aufmerksamkeitsorientierter Predigt, dass Unwägbarkeiten und negative Grenzerfahrungen bis hin zum – hoffentlich nur zeitweisen – Verlust kreativer Fähigkeiten notwendiger Bestandteil von Predigtpraxis überhaupt sind: Wenn aus theologischen Gründen auf eine zuvor-kommende Aufmerksamkeit gesetzt wird, dann kann in Vorbereitung, Durchführung und Nachgang aus guten Gründen manches offen bleiben: Auch die Predigtpraxis lebt folglich von der «Schaffung und Aufrechterhaltung von Möglichkeitsbedingungen, die als solche immerzu etwas offenlassen.»[28]

Es wäre hingegen so unbarmherzig wie vermessen, würde die Predigtperson von sich selbst oder würde man von ihr zu jeder neuen Gelegenheit immer wieder ganz Neues und Überraschendes erwarten. Vielmehr stellt sich

---

[28] *Waldenfels*, Phänomenologie, 125.

dies, wenn überhaupt, in vielen Situationen unvermittelt ein. Qualität liegt hiermit eben nicht in einer zu erfüllenden Norm, sondern macht gerade den immer wieder heilsamen Spannungsreichtum der Predigtarbeit aus.

Hier braucht es auf Seiten des Predigenden die Freiheit zum Spannungs-abfall, zur sachlichen Ruhe gerade in gewissen Schaffenskrisen und die not-wendige Zeit zum immer wieder neuen Spannungsaufbau. Aufmerksamkeits-orientierte Rede bedarf der grundsätzlichen Bereitschaft der Predigtperson, auch sich selbst gegenüber aufmerksam und sorgsam zu sein sowie barm-herzig mit den eigenen Ressourcen und Grenzen umzugehen.

Deshalb ist grundsätzlich im Sinn einer Entlastung nochmals festzuhalten: Predigende müssen nicht auf sich selbst aufmerksam machen, um Gehör zu finden. Wenn von Aufmerksamkeit die Rede ist, dann geschieht dies durch den theologischen Verweis auf den Grund und Horizont der eigenen theolo-gischen Existenz. Dazu bedarf es der Kunst der Selbstbegrenzung und zu-gleich des Mutes zum Grenzgang, um von dort aus die Aufmerksamkeit über das «eigene» Gesagte immer wieder hinauszuführen.

10. Kasualtheoretische Konsequenzen: Aufmerksamkeit in Einmaligkeits- und Ausnahmesituationen

In kasualtheoretischer und kasualpraktischer Hinsicht stellt sich die Frage der Aufmerksamkeitsorientierung in besonderer Weise. Weil hier die predigende Person häufig mit einer Hörerschaft zusammen trifft, bei der sehr viel weniger Vertrautheit mit dem Kasus der Predigtrede vorausgesetzt werden kann als in der sogenannten Kerngemeinde, bilden sich hier so riskante wie verheißungsvolle Gelegenheiten für die aufmerksame Wahrnehmung, Kommunikation und Artikulation im Sinn der «Hörerorientierung»[1] bzw. – um es rhetorisch auszudrücken – einer komplexen Situationsanalytik und bewussten «Inblicknahme der Instanz des Auditoriums.»[2]

Die Kasualgemeinde erwartet von der predigenden Person immer noch eine intensive Aufmerksamkeit für die besondere Situation, die den Anlass und das Bedürfnis ihrer Teilnahme am Gottesdienst begründet. Die Erwartung der Kasualgemeinde auf eine solche besondere Zuwendung kann zum einen biografische und familiäre Aspekte beinhalten, was in den Situationen von Taufe, Konfirmation und Bestattung besonders manifest wird. Zum anderen können auch bestimmte Gottesdienste im Jahreslauf entsprechende Erwartungen beinhalten – und sei es, dass man sich diese schlichtweg als «schön» und als sichtbare Fortsetzung des Vertrauten wünscht. Dies betrifft aber auch gemeinsame Feiern eines für die Gemeinde freudigen Anlasses, etwa eines bestimmten Jubiläums, Festes oder eines anderen für die Teilnehmenden wichtigen Anlasses. In diesem Zusammenhang sind Gottesdienste für bestimmte Zielgruppen zu erwähnen, von denen aus im Einzelfall erhebliche Erwartungen hinsichtlich des «Eingehens» auf ihre je spezifischen Hintergründe, Interessen und Themen bestehen können. Selbst wenn es sich dabei um eine Hubertusmesse oder um etwas für die Kerngemeinde ähnlich fremd Anmutendes handelt, ist ein solches Anliegen als Ausdruck für ein tiefes Bedürfnis dieser speziellen Gemeinde und ihrer Glieder zu werten.

Besondere Aufmerksamkeit ist in solchen dramatischen Ausnahmesituationen gefragt, die die gesamte Hörergemeinde angehen – sei es nun im lokalen oder im überregionalen Zusammenhang. Zu denken ist hier etwa an Trauersituationen, die für die breitere Öffentlichkeit bedeutsam sind. Hier ist

---

[1] *Albrecht*, Kasualtheorie, 258.
[2] *Knape*, Was ist Rhetorik?, 87.

immer mit einer starken – und im Einzelfall übrigens auch kritischen – Öffentlichkeit zu rechnen. Gerade in solchen Krisenfällen werden der Kirche und ihrem Amtshandeln «besondere rituelle Kompetenzen im Umgang mit Grenzsituationen individueller und kollektiver Existenz zugeschrieben.»[3]

Es mag nun in gewissem Sinn unverhältnismäßig erscheinen, dass ausgerechnet von Seiten derer, die am seltensten Gottesdienste besuchen, solche Erwartungen und möglicherweise sogar erhebliche Forderungen bestehen. Andererseits zeigt genau dies die besondere Herausforderungssituation konkreter Kasualpraxis. Es geht darum, genau diesen Moment bzw. diesen sehr begrenzten Zeitraum zu nützen, um den Anwesenden die größtmögliche Aufmerksamkeit entgegenzubringen und dies auch so offen wie profiliert zu signalisieren. Zugleich verbieten sich hier alle Formen einer lediglich aus Gründen der Mitgliedergewinnung funktionalistischen Aufmerksamkeitsstrategie.[4] Denn dies würde faktisch nicht viel anderes als eine Art homiletische Camouflage bedeuten. Im Übrigen ist hier daran zu erinnern, dass die rechtfertigende Predigt niemanden instrumentalisieren wollen kann – «es sei denn, sie widerspräche sich selbst.»[5]

Grundsätzlich ist aber auch vor dem Problem eines zu stark zielgruppenorientierten Predigens zu warnen. Denn die angenommenen vermeintlichen Eindeutigkeiten müssen keineswegs unter allen Hörenden gegeben sein. Selbst eine auf den ersten Blick vermeintlich einheitliche Gemeinde, die das 50-Jahr-Jubiläum der Konfirmation feiert, bildet in sich erhebliche Heterogenität ab, so dass hier alle Formen generalisierender Rede sogleich ausschließenden Charakter gewinnen können. Aufmerksame Rede beinhaltet hier also immer auch den Sinn für diejenigen, die möglicherweise gerade nicht zu dieser Gruppe gehören oder sich darin nicht wirklich als dazugehörig fühlen.

Es kann aber auch nicht, wie bereits erwähnt, darum gehen, im Kasualfall auf eine Predigtrede überhaupt zu verzichten, um sich womöglich der Herausforderung und auch einer möglichen Sperrigkeit zu entziehen. Dies ist etwa dort zu erleben, wo in Konfirmationsgottesdiensten die Predigt mehr oder weniger deutlich in die Inszenierungsverantwortung der Jugendlichen übergeht – so, als ob es eines eigenen Deutungsanspruchs der Predigtperson gar nicht mehr bedürfte.

Grundsätzlich ist – wenn man unter der Kasualgemeinde wirklich Aufmerksamkeit wecken will – jedenfalls «die Wiederholung von standardisier-

3 *Fechtner/Klie*, Riskante Liturgien, 15.
4 Vgl. *Bohren*, Unsere Kasualpraxis, eine missionarische Gelegenheit?
5 *Meyer-Blanck*, Das Rhetorische und das Pädagogische, 226.

ten Bildern, Formeln, Wendungen und anderen Stereotypen»[6] zu vermeiden. Wenn bei Bestattungen auf das immer gleiche Predigtwortgerüst gebaut wird und nur noch Namen ausgetauscht werden, verhindert dies die individuelle, und gerade hier hochbedeutsame aufmerksame Predigtrezeption. Gerade hier muss unbedingt vermieden werden, dass sich für Angehörige das Besondere des gemeinsamen Lebens mit der verstorbenen Person in der Predigtrede nicht mehr widerspiegelt. Für den Kasus der Taufe und der kirchlichen Trauung gilt, dass die persönliche Anrede und das Eingehen auf die spezifische Lebenssituation der anwesenden Familien und Mitfeiernden ein wesentliches Signal dafür darstellt, dass für die Gemeinde als Ganze dieser Akt der Aufnahme wirklich von wesentlicher Bedeutung ist. Gerade im Blick auf die «Dimension des Trostes und einer Stärkung der ängstlichen Seele» zeigt das aufmerksame Wort seinen «Gabecharakter».[7]

Damit dürfen aber auch Tauf- wie Trauansprache niemals auch nur den Anschein einer standardisierten, unpersönlichen Rede erwecken. Dies macht natürlich schon in der Vorbereitung auf den Einzelfall die Bereitschaft zu einer möglichst hohen Begegnungsintensität mit den jeweils beteiligten Personen notwendig. Ein routiniertes Reden voller Allgemeinplätze und damit der Verzicht auf die theologische Deutung des Einzelfalls stellt insofern eine mutlose und im Einzelfall auch unbarmherzige Art der Unaufmerksamkeit dar.

Eine solche aufmerksame theologische Kasualpraxis beinhaltet notwendigerweise zugleich eine kritische Perspektive. Denn es wäre jedenfalls so kurzschlüssig wie problematisch, würde man der jeweiligen Zielgruppe nur gleichsam nach dem Mund reden bzw. ihr im Vorfeld alle Wünsche klaglos von den Lippen ablesen. Damit wäre nur in eigenen Worten nachbuchstabiert oder bestätigt, was die Hörerschaft sich selbst genauso gut oder vermutlich sogar besser sagen könnte.

Vielmehr muss gerade in Vorbereitung und Durchführung der Kasualpredigt ein möglichst feines Gespür dafür entwickelt werden, wo man die anwesende Gemeinde auch mit ihren eigenen Deutungspotenzialen herausfordern darf – gegebenenfalls sogar in persuasivem Sinn mit argumentativen Abwägungen und Begründungen. Im wortwörtlich gemeinten «Einzelfall» können hierbei auch Denkmarken gesetzt werden, die nicht sogleich zustimmend mitvollzogen werden, sondern bewusst sperrig bleiben. So ist keineswegs ausgeschlossen, dass ein bestimmter Anlass eben auch in seinen ambivalenten Erscheinungsformen zur Sprache kommt – etwa dann, wenn der Gottes-

---

6   *Albrecht*, Kasualtheorie, 259.
7   *Möller*, Für die Seele sorgen, 36.

dienst für die Feiernden erkennbar kaum mehr als den Startschuss eines pom-
pösen Familienfestes bildet. Allerdings «funktioniert» eine solche kritische
Signalsetzung nur, wenn dies tatsächlich mit der ernsthaften Wahrnehmung
dieser gruppenbezogenen Lebensweltdeutungen und -präferenzen einhergeht.
Dass sich dabei die Frage des profilierten Auftretens der Predigtperson gerade in solchen Situationen als eine theologische und damit verbundene seel-
sorgerliche Herausforderung stellt, sei ausdrücklich vermerkt.

11. Kirchentheoretische Konsequenzen

Wenn es richtig ist, dass das gottesdienstliche Gesamtereignis von wesentlichem Einfluss auf die individuellen und gemeinsamen Hörerfahrungen ist, dann hat dies erhebliche Bedeutung und Konsequenzen für den größeren Kontext des Predigens weit über den Gottesdienst hinaus. Damit rückt der Zusammenhang von Homiletik und Kirchentheorie im Sinn der zu berücksichtigenden, weitergehenden Verortung dieser Praxis in den Blickpunkt. Anders gesagt: Aufmerksamkeitsorientierte Predigt kann von der Perspektive des größeren Gemeindekontextes als eines gewissermaßen eigenen Erfahrungs- und Erlebnisraumes mit der darin hoffnungsvollerweise erlebbaren Grunddynamik schlechterdings nicht getrennt werden. Wenn, wie in pastoraltheologischer Hinsicht bereits ausgeführt, die Überzeugungskraft der Rede stark von der erkennbaren Praxis der Predigtperson mitbestimmt ist, so gilt es dies auch für die Gemeinde zu betonen. Um an dieser Stelle eine Formulierung Ursula Roths aufzunehmen und kirchentheoretisch auszuweiten: Nicht nur die Worte selbst, sondern die ganze Gemeinde hat «transformatives Potenzial.»[1]

Predigt gewinnt ihre Überzeugungskraft für den Hörenden *und* die Hörenden maßgeblich auch durch das erkennbare Handeln der Gemeinde selbst. Dies mag paradox klingen, da doch die Gemeinde schlechterdings nicht für den Inhalt der je individuellen Auslegung verantwortlich gemacht werden kann und insofern im Prozess selbst nicht in gleichem Maß präsent ist wie die predigende Person. Und natürlich zeichnet die Predigende für das, was sie predigt, zuallererst allein verantwortlich. Der den Predigenden zugesprochene, zugetraute und zugemutete Predigtauftrag ist in institutionell-rechtlicher Hinsicht dementsprechend verbindlich und verlässlich geregelt.

Zugleich ist die Predigtperson inmitten ihrer individuellen Vollzüge in der Mitte der Gemeinde verortet. Homiletisch gesprochen kommt im Verweis auf das *publice docere* somit die Ebene der durch die Gemeinde repräsentierten Öffentlichkeit als sichtbare Kirche zum Ausdruck. Die predigende Person ist durch alle Schritte hindurch mit der Gemeinde verknüpft bzw. mit dieser auf das Engste verbunden. In feiner Unterscheidung wird zu Recht betont, dass «im Predigtamt stellvertretend für die ganze Gemeinde und nicht aus der (vermeintlich) stellvertretenden Überzeugung von Predigerinnen und Predigern heraus gesprochen werden soll und darf.»[2]

---

[1] *Roth*, Schuld, Scheitern, Irrtum, 100.
[2] *Charbonnier/Merzyn/Meyer*, Einführung, 12.

Es geht aber nun im Predigtgeschehen als einem gemeinsamen Vollzug noch um mehr – nämlich um die grundsätzliche Perspektive aktiver Partizipation dieser Gemeinde – und zwar sowohl im gottesdienstlichen Geschehen als auch weit darüber hinaus.[3]

Im Blick auf die homiletische Grundaufgabe ist das öffentliche Predigthandeln damit auch im Sinn der nach außen und innen erkennbar aufmerksamen Gemeinde näher bestimmbar. Prägnant gesagt ist die Grundaufgabe des Dolmetschens eben gerade nicht auf die singuläre beauftragte Pfarrperson zu reduzieren. Predigt hat insofern nicht nur gemeinschaftsstiftenden Charakter,[4] sondern im Hören und Handeln erweist sich die Hörerschaft zugleich als Gemeinde.

Die gemeindliche Geselligkeit im Sinn gemeinsamer Aufmerksamkeit zeigt sich als Qualität aufmerksamkeitsorientierter Predigtrede darin, dass sie als Verkündigung an die Gemeinde, in der Gemeinde und durch die Gemeinde in Erscheinung tritt. Auf diese Weise wird das Selbstverständnis der konkreten Gemeinde als eine öffentlich aufmerksame *Gemeinde für andere* transparent.

Diese Transparenz kann nun eine zweifache Form annehmen, nämlich zum einen in der *Berücksichtigung und Integration der Praxis*, die in der Gemeinde stattfindet, zum anderen durch die *Partizipation* derer, die Gemeinde in ihrer Person und in ihrem Handeln repräsentieren. Im ersten Fall ist sozusagen von einer Aufmerksamkeit für das gemeindliche Handeln, im zweiten Fall von einer Aufmerksamkeit durch die handelnde Gemeinde zu sprechen.

11.1 Gemeindliches Handeln

Im gepredigten Wort wird die Gemeinde in dem, *was in ihr geschieht*, erkennbar. Gemeindliche Handlungsvollzüge stellen die glaubwürdige Resonanz des verkündigten Wortes markant und anschaulich dar. In der Gemeinde selbst bzw. in ihren einzelnen Gliedern manifestiert sich das *Woher* und das *Woraufhin*[5] und damit der theologische Kern der jeweiligen Überlieferung und Auslegung der evangelischen Botschaft. Was für die Frage des politisch bedeutsamen Predigenden gesagt wurde, lässt sich auch in Hinsicht auf die Gemeindeebene hier fortsetzen: Es ist eben nicht nur die einzelne verkün-

---

[3] Erinnert sei hier an die ganz richtige Nebenbemerkung H. Schwiers, wonach sich diese Partizipationsperspektive ganz anders dort darstellt, wo beispielsweise ein mystagogisches Gottesdienstverständnis favorisiert wird, vgl. *Schwier*, Plädoyer, 141.

[4] Vgl. *Müller*, Homiletik, 181.

[5] *Ricœur*, An den Grenzen, 90, zit. nach *Schwier*, Plädoyer, 149.

digende Person, sondern die ganze Gemeinde, die diesen öffentlichen Auftrag durch ihre Existenz zu repräsentieren und ihm zu entsprechen suchen muss.

Erst wenn sich der Gemeindekontext als aufmerksamkeitssensibel zeigt, kann eine konkrete theologische Deutung Anspruch darauf erheben, von den Hörenden für plausibel und einleuchtend gehalten zu werden. Es gehört folglich zur Verkündigung, immer wieder beispielhaft darauf hinzuweisen, wo sich die Gemeinde selbst als aufmerksame Größe zeigt. Das Gemeindeleben als solches predigt auch.

So wird die gesellschaftspolitische Relevanz des Predigtgeschehens erst in einem umfassenderen Sinn konkret, wenn sich in den Aktivitäten der Gemeinde selbst das abbildet und nachbildet, was als Kerninhalt der Botschaft zur Sprache gebracht wird. Die bereits angesprochene Glaubwürdigkeitskomponente gilt somit auch für die ganze Gemeinde. Der Aufmerksamkeitsgehalt sonntäglicher Rede muss seine gemeindliche Resonanz und Transformation in den Kontexten finden, die weit über das reguläre Gottesdienstgeschehen hinausgehen.

Auch alle Formen einer ethischen Thematisierung sind folglich durch die Praxis der Gemeinde selbst im wahrsten Sinn des Wortes zu erden. Dies kann sich etwa darin manifestieren, dass ausdrücklich Verbindungslinien zwischen Predigtthema und konkreten gesellschaftlich relevanten Aktivitäten der Kirchengemeinde gezogen werden. Es ist zudem zu überlegen, wie etwa von Aktivitäten der Gemeinde im Sozialraum, in einem bestimmten gesellschaftsbezogenen Projekt und Engagement oder auch hinsichtlich des eigenen Bildungsprogramms Verbindungslinien zwischen Predigtgeschehen und Gemeindehandeln gleichsam am eigenen Beispiel und Leib der Gemeinde konkretisiert und damit weiter verdeutlicht werden können.

In umgekehrter Weise muss die Gemeinde die Predigtperson daraufhin befragen, ob es dieser gelingt, gemeindliche Aktivitäten so zur Sprache zu bringen, dass diese als wesentliche Lebensäußerung der Gemeinde erkennbar werden. Ausgesprochen problematisch wäre es, wenn sich die Artikulationsinhalte von Gemeinde und Pfarrperson hier so wesentlich voneinander unterscheiden würden, dass sie nicht mehr in ihrem Zusammenhang erkennbar wären. Dies ist etwa dann der Fall, wenn ein bestimmtes gemeindliches Projekt für die Pfarrperson als mehr oder weniger selbstverständlich und nicht weiter bemerkenswert erscheint. Dies scheint auf den ersten Blick kaum denkbar, da doch eigentlich jeder Beitrag zum Gemeindeleben geschätzt werden müsste. Allerdings ist es durchaus nicht unüblich, dass etwa ehrenamtliches Engagement doch eher wie selbstverständlich mitläuft und nur selten die ihm zustehende öffentliche Aufmerksamkeit und Anerkennung erfährt. Predigt und Gottesdienst sind somit immer auch Gelegenheit, einzelne Aktivitäten wirklich daraufhin zu prüfen, ob sie als eine gemeinsame Sache von Pfarrpersonen und Gemeinde verstanden und kommuniziert sowie auch miteinander gefeiert werden können.

11.2 Handelnde Gemeinde

Im gepredigten Wort wird die Gemeinde auch in dem, *was durch sie geschieht*, erkennbar. Es wurde bereits auf das Potenzial einer dialogorientierten, partizipativen Vorbereitung und Durchführung hingewiesen. Dies verband sich mit der These, dass das Predigtgeschehen ein eminent miteinander geteiltes Rede- und Hörereignis darstellt. Was aus der Perspektive der Pfarrperson im Zusammenhang der Predigtpraxis bereits angesprochen wurde, ist also in kybernetischer Hinsicht auf das mitverantwortlich verkündigende Handeln der Gemeinde hin weiter durchzubuchstabieren.

Die bereits erwähnte biblische Polyphonie der Gottesrede im Modus narrativer, prophetischer, vorschreibender, weisheitlicher und hymnischer Formen und Diskurse[6] lässt sich in gemeindliche Gestaltungsformen transponieren. Eine dafür äußerst bedenkenswerte und provozierende Prüffrage stellt Felix Moser: «Wenn dieser Text nicht gepredigt würde, was würde dem Leben der Gemeinde fehlen?»[7]

Je nach praktischer Herausforderung vor Ort und auch im Blick auf die gemeindlichen Lebensorte kann sich ein solches aufmerksames Text-Engagement in unterschiedlichster Weise manifestieren: So mag der *narrative* Charakter darin gesehen werden, dass Gemeinde von sich in ihrem Gottesbezug erzählt und zu erzählen gibt. Manifeste Beispiele einer solchen narrativen Aufmerksamkeit sind hier nicht zuletzt solche Angebote, in denen sich gottesdienstliches und erzählendes Geschehen miteinander verbinden, so besonders plastisch in Angeboten für Kinder und Jugendliche, aber auch in den Lebensgeschichten einzelner Gemeindeglieder. Dass dabei natürlich nicht auf die immer wieder miterlebbare Form individueller Bekehrungserlebnisse abgezielt werden sollte, um eine bestimmte Form von Emotion zu erzeugen, sei hier ausdrücklich betont.[8]

Der *prophetische* Charakter des Gottesbezugs mag etwa in Formen politisch sensibler Gottesdienstangebote zum Vorschein kommen. Es wurde bereits darauf verwiesen, welche Chancen und Gefahren eine solche Bezogenheit auf das Politische in sich beinhalten kann. Grundsätzlich jedenfalls

---

6   Vgl. *Ricœur*, An den Grenzen.
7   *Moser*, Mit Altem Neues schaffen, 133.
8   Vgl. dazu kritisch *Schlag*, Emotionen im Gottesdienst.

ist das Leben der Gemeinde, wenn es dem Bild einer himmlischen Bürgerschaft (Phil 3,20) zu entsprechen versucht, unausweichlich politisch, «gewiesen auf die Anerkennung des von Gott zukommenden Guten, auf die gemeinschaftliche Prüfung des Guten in der Welt und seine Bewährung im Miteinander-Handeln.»[9]

Unter der Voraussetzung einer sensiblen Wahrnehmung dieser Möglichkeiten ist hier an Aufmerksamkeitsformen etwa eines politischen Nachtgebetes, aber auch an bestimmte diakonisch ausgerichtete Anlässe zu denken, die sich sehr wohl vom Grundgeschehen prophetischer Gottesrede her beleuchten und deuten lassen.

Ob gemeindliche Gottesdienstangebote tatsächlich *vorschreibenden* Charakter tragen sollen, mag aus guten Gründen bezweifelt werden. Versteht man in einer solchen präskriptiven Rede aber Gott als Urheber eines Imperativs, der auf ein menschliches Du zielt, so lassen sich auch hier konkrete gottesdienstliche Transponierungen denken: So etwa, indem gemeindliche Gottesdienstpartizipation aufmerksam orientierenden Charakter in Hinsicht auf bestimmte thematische Schwerpunktsetzungen oder auch die bewusste Integration von Randgruppen im sozialen Nahraum voranbringt.

Weisheitliche und hymnische Gemeindepräsenz sollte weniger eine punktuell mögliche Option darstellen als vielmehr eine durchgängige liturgische Orientierungs- und Gestaltungsperspektive im gottesdienstlichen Geschehen. Allerdings ist es hier wesentlich, dass die Gemeinde diese Grundform aufmerksamer liturgischer Kultur tatsächlich auch einüben kann. Wenn sich die weisheitliche und hymnische Gottesrede erschließen soll, so bedarf es dafür einer sensiblen und auch kundigen Gottesdienstgemeinde. Die Einübung in entsprechende Vollzüge, man denke etwa an gemeinsam gesprochene Psalmgebete oder an die Teilnahme am Abendmahl, bedarf dabei selbst einer kontinuierlichen Bildungskultur. In diese Richtung sind gottesdienstliche Angebote bereits für Kinder und Jugendliche von wesentlicher Bedeutung, damit die aktive Teilhabe am gottesdienstlichen Geschehen eine gleichsam höhere Selbstverständlichkeit im Vollzug gewinnen kann.

Es sollte für alle diese Formen und Diskurse davon ausgegangen werden, dass in der Gemeinde vielfältige Potenziale für die konkrete Mitvorbereitung und -gestaltung des Predigthandelns vorhanden sind. Konkret kann dies aber auch bedeuten, dass Gemeindegliedern selbst Raum zur verantwortlichen Predigtpraxis gegeben wird, indem etwa eigene Erfahrungen mit – wenn man so will – göttlicher Polyphonie in gemeindlicher Mitwirkung zur Darstellung gebracht werden. Individuelle Erfahrungshorizonte stellen wesentliche Res-

---

[9] *Wannenwetsch*, Gottesdienst als Lebensform, 15.

sourcen für eine aufmerksamkeitsorientierte Verkündigung dar und sollten nach Möglichkeit immer wieder integriert werden. Damit ist jedenfalls keineswegs nur gemeint, dass, wie oft üblich, über ein bestimmtes Projekt berichtet wird und im Anschluss daran der Pfarrperson die theologische Deutung überlassen wird. Sondern es ist so wünschenswert wie auch möglich, dass Gemeindeglieder dazu ermutigt und auch dazu herausgefordert werden, in eigenen Worten das zu formulieren, worauf sie in ihrer Auslegung gestoßen sind oder was ihnen etwa in einem konkreten Engagement ein Herzensanliegen ist.

Versuchsweise können in der Perspektive einer handelnden Gemeinde auch bewusst Personen integriert werden, die sich sonst eher nicht im Aufmerksamkeitsfokus der Kerngemeinde befinden – hier ist im Einzelfall mit mindestens genauso viel Sensibilität für fehlende und notwendige Aufmerksamkeit zu rechnen wie unter den Pfarrpersonen selbst. Zudem ist nicht zu verkennen, dass entsprechende Artikulationen oftmals in einer Sprache erfolgen können, die von großer Alltagsnähe und Zugänglichkeit geprägt sind und damit der Predigtgemeinde selbst nochmals sehr viel besser zugänglich sein können als manche professionelle theologische Auslegung.

So erstaunt es in gewissem Sinn, dass gerade für den Zusammenhang des Predigtgeschehens etwa auf der Ebene der Kirchenvorstände, Kirchengemeinderäte oder auch der Ehrenamtlichen nur ausgesprochen selten konkrete Fortbildungen angeboten werden – nimmt man einmal die Gruppe der sogenannten Lektorinnen und Lektoren bzw. Prädikanten und Prädikantinnen aus. So, als ob dieser Teil gottesdienstlicher Praxis tatsächlich exklusives Recht der Pfarrpersonen sein und bleiben müsste.[10]

Zudem vermag eine Öffnung für echte Predigtpartizipation ihrerseits ein wichtiges Aufmerksamkeitssignal darzustellen, indem der Blick auch auf diejenigen Personen und Milieus gerichtet wird, die sonst bestenfalls am Rande kirchlicher Wahrnehmungspraxis verbleiben. Von dort her ist die Befähigung zur Predigtpraxis unbedingt auf eine möglichst breite Basis der Gemeindeartikulation und -partizipation zu stellen. Durch solche Formen der Artikulation – die eben nicht immer nur in klassischer Weise auf die Fürbit-

---

[10] Eindrücklich für die Frage der Integration von anderen Predigtpersonen vgl. *Hirsch-Hüffell*, Weisheits-Collage als offenes Predigtkunstwerk. Ein weiteres schönes Beispiel dafür stellt der Wettbewerb «Jugend predigt» des Wittenberger Zentrums für Predigtkultur dar. Hier findet sich interessanterweise auch die Einsicht eines Begleiters des Wettbewerbs: «Ich glaube, es ist wichtig, noch mehr darauf zu achten, den Jugendlichen die, meiner Ansicht nach, falsche Achtung davor zu nehmen, wie ‹die Erwachsenen› zu predigen», *Sagert*, Mit jungen Leuten an ihren Predigten arbeiten, 161.

ten reduziert bleiben darf – kann die Auslegungspraxis zu besonderer Anschaulichkeit gelangen.

Natürlich gilt auch hier wieder, dass solche dezidiert partizipativen Formen nicht den Regelfall darstellen können – nicht zuletzt, weil dies mit einem erheblichen Aufwand zeitlicher und organisatorischer Ressourcen verbunden ist. Und ganz abgesehen davon besteht unter gemeindlich Engagierten hier manche Schwelle der Scheu und der bescheidenen Zurückhaltung – wie (un-)gerechtfertigt dies im Einzelfall auch immer sein mag. Gleichwohl lohnt sich der exemplarische Versuch, auf diese Weise die Beteiligung zu erhöhen. Dass damit zugleich ein wesentlicher Beitrag zum konkreten Gemeindeaufbau und – mindestens indirekt – auch zur Gemeindeleitung geleistet werden kann, ist jedenfalls kaum zu bestreiten. Dass erhebliche Anleitung und kontinuierliche Einübung auch über Ausbildungsgänge hinaus notwendig sind, um solche Formen persönlicher Exposition nicht kontraproduktiv werden zu lassen, versteht sich von selbst.

11.3   Der Raum der Gemeinde

Auf der Ebene gemeindlichen Handelns ist ferner zu fragen, welche Rolle eigentlich die äußeren Voraussetzungen und Bedingungen für eine qualitätsvolle Predigtpraxis spielen. Auf unsere Fragestellung hin gewendet, wäre ausführlicher zu erörtern, inwiefern Stil und Atmosphäre des Gemeindekontextes wesentliche Vorbedingungen für eine Grundaufmerksamkeit der Akteure sind. Ist etwa ein feiner Stil der Wahrnehmung und Begrüßung derjenigen zu entdecken, die sich vielleicht nach langer Zeit zum ersten Mal wieder einem Gottesdienstgeschehen annähern (und sich ja schon dadurch dafür öffnen)? Ist ein guter Umgang mit sperrig wirkenden Personen und auch eine Grundoffenheit für Menschen gegeben, die auf den ersten und den zweiten Blick nicht dem Gewohnten oder Konventionellen entsprechen? Ist man – um diese Aufgabe noch zuzuspitzen – auch dort zur aufmerksamen Willkommenspraxis und Begegnung bereit, wo einem Menschen und deren Herkunft weder entsprechen noch gar behagen?

Ein gemeindliches Handeln in der besonderen Zielrichtung aufmerksamer Zuwendung kann auch durch die konkrete Raumgestaltung der Predigtrede verdeutlicht werden. Ganz zutreffend wird gesagt, dass sich mit dem Beginn des Gottesdienstes die Vorbereitung der Predigt auf eine eigentümliche Weise fortsetzt: «Sie findet nicht mehr in den profanen Räumen der pastoralen Alltagswelt statt.»[11] Der Kirchenraum stellt im metaphorischen Sinn

---

[11]   *Josuttis*, In die Gottesgegenwart führen, 93.

einen Aufmerksamkeitsraum der besonderen Art dar. Durch das religiöse Ritual und den dieses Ritual beherbergenden Raum entsteht eine Atmosphäre, «die weit über das kognitive Verstehen hinausreicht und die Tiefenschichten der Seele ergreift. Geistesgegenwart wächst.»[12] Durch sein jeweiliges Symbol- und Bildprogramm sowie seine traditionsgesättigte Atmosphäre macht der Kirchenraum einerseits Deutungsvorgaben, ermöglicht andererseits aber auch auch individuelle Deutungsfreiheit. Der Kirchenraum eröffnet im gelingenden Fall eine freiheitliche und orientierende Sphäre, in der durch das Predigtgeschehen weiter Raum für individuelle Suchprozesse entstehen kann.

Hier ist folglich zuallererst darauf zu achten, welches innenarchitektonische Ensemble für wen tatsächlich ansprechend ist. Dass sich hier die gegebenen Bedingungen nicht grundlegend ändern lassen, sei zugestanden, aber doch wenigstens für die Bedeutsamkeit dieses Aspekts sensibilisiert. Werden dann, erst recht aufgrund eines bestimmten Raumarrangements, der entsprechenden Atmosphäre oder des Stils, befremdliche Gefühlslagen erzeugt, ist auch im Vollzug des Predigtgeschehens kaum mit wirkmächtig positiven Eindrücken zu rechnen.

Positives ereignet sich dann, wenn in diesen Räumen reale Erfahrungen gemacht werden können, in denen sich die vorhandenen Traditionen mit den Handlungen und Personen selbst verbinden. In diesem Fall umfasst der Raum sowohl den Kontext des Gottesdienstgeschehens wie des gesamten gemeindlichen Lebens.[13] Für ein solches ethisches, kybernetisches und raumbezogenes Handeln stellt die Metapher von der Gemeinde als Brief eine wesentliche Orientierungsmarke dar (2Kor 3,2f.). Insofern ist es nötig, die durchaus richtige Einsicht, dass es sich bei der viva vox evangelii als lebendiger Stimme des Evangeliums nicht nur um einen Text handelt, sondern um einen körperlichen Vollzug und eine Performance, nochmals kybernetisch weiterzudenken.[14]

Die Performanz gemeindlichen Handelns ist dann aber nicht nur im ästhetischen Sinn und auch nicht als auf den Kirchenraum begrenzte gemeinsame Praxis zu lesen. Sondern sie ist als eine gemeindliche Mitgestaltung der Lebens- und Weltverhältnisse im Rahmen ihrer weiten und keineswegs schon ganz und gar ausgeloteten Möglichkeiten eines öffentlichen und prophetisch inspirierten Handelns zu profilieren. Sie manifestiert sich dabei sowohl in kommunikativen wie in ganz handfesten solidarischen Akten der Aufmerksamkeit gegenüber denjenigen, denen im Kontext des gemeindlichen Nah-

---

[12] A. a. O., 94.
[13] Vgl. dazu auch *Grevel*, Der Raum des Verstehens, hier v. a. 221f.
[14] Vgl. etwa *Grözinger*, Homiletik, zit. nach *Plüss*, Texte inszenieren, 119.

und Fernraums gerade nicht genügend Aufmerksamkeit und Anerkennung zukommt. Wird schon allein der Versuch eines solchen aufmerksamen Gemeindehandelns unterlassen, ist eine wirksame Predigtpraxis hingegen schwerlich zu erhoffen.

12. Fazit

Die hier stark gemachte homiletische Grundperspektive aufmerksamen Predigens versteht sich nicht von selbst und muss immer wieder neu zur Darstellung und Anschauung gebracht werden. So wie diese spezifische und genuin theologische Rede vom Versuch lebt, nach Sinnhorizonten und der Wahrheit selbst zu fragen, muss sich auch die entsprechende Bezugswissenschaft in dieser Ausrichtung ein markant theologisch-anthropologisches und zugleich interdisziplinär anschlussfähiges Profil geben. Von der Homiletik als Predigtwissenschaft gilt wie von jeder Wissenschaft, dass sie im Zeichen von Wahrheit, Nutzen und Verantwortung steht.[1] Dabei kann sich eine so vernunftorientierte wie kritische homiletische Theoriebildung darauf beziehen und stützen, dass sie dem Wortgeschehen «nach denken» kann, für dessen Wirkung selbst aber schlechterdings nicht zu sorgen vermag. In diesem Zusammenhang kommt die praktisch-theologische Reflexion selbst zum Kern ihres Strebens: Dass das gepredigte, mündliche Wort «nicht begleitendes Gerede, auch nicht nur Deutewort, sondern Wirkungsmacht»[2] und damit als Christuswort das vorrangige Gnadenmittel[3] ist, mag als enormer Deutungsanspruch aller Predigtrede erscheinen. Gerade eine solche christologische Grundierung entlastet aber alle individuellen Predigtversuche und -reflexionen von dem Anspruch, deren Wahrheitscharakter nachweisen zu können oder gar zu müssen. Um es nochmals in anderem Sprachgewand zu sagen: Aufmerksamkeit trägt auch den Charakter eines Geschenks, das «von Anfang an die Schwelle des normativ Gesollten»[4] überschreitet.

Vor diesem Horizont ist nochmals die theologisch-anthropologische und pädagogische Einsicht in Erinnerung zu rufen, dass die Aufmerksamkeit auf das Subjekt im Sinn der Orientierung an dessen Lebenssituation und Lebenslagen die unhintergehbare Grundbedingung für alles gelingende Predigen darstellt. Predigthandeln sollte die eigenständigen Konstruktionsprozesse des – redenden wie des hörenden! – Subjekts von Beginn an mit «im Sinn» haben. In homiletischer Hinsicht bringt dies die Einsicht in die notwendige Offenheit für die inhaltliche Deutung aller Beteiligten unbedingt mit sich. Notwendig ist es im Sinn einer aufmerksamkeitssensiblen Homiletik zugleich, die Gemeinde in einzelnen Schritten auf eine solche Praxis hin zu bilden. Dabei ist

---

[1] Vgl. *Mittelstrass*, Forschung zwischen Wahrheit, Nutzen und Verantwortung.
[2] *Müller*, Homiletik, 182.
[3] Vgl. ebd.
[4] *Waldenfels*, Phänomenologie, 276.

immer mit im Blick zu behalten, dass die notwendigen Veränderungen auf Seiten aller Akteure sowie die Ausbildung partizipativer Kompetenzen ihre Zeit brauchen und auch brauchen dürfen.

Predigt als Kunst der Aufmerksamkeit setzt eine Haltung voraus, die sich Zeit nimmt, empathisch ausgerichtet ist, Visionäres anstrebt und von der Hoffnung lebt, Gehör zu finden. Das Vertrauen auf die Kraft der Zunge (Phil 2,11) schließt dabei die notwendige professionelle Aus- und Weiterbildung kompetenter Personen notwendigerweise mit ein. Gerade die talentierte und überzeugungsstark auftretende Predigtperson öffnet sich für den kritischen und weiterführenden Blick auf die eigene Praxis bis hin zur Infragestellung der möglicherweise längst liebgewordenen Vertrautheiten eigener Zielsetzungen und Formgebung. Weil die Predigt als Deutungsvorgang ein fluides Geschehen ist, dürfen sich eingefahrene und fest-gestellte Haltungen und Meinungen um der Sache willen immer wieder verflüssigen und neu formieren.

Die Predigenden tun gut daran, sich tastend im biblischen Traditionsgut zu bewegen und zu fragen, wie Menschen «einst» mit den entscheidenden Lebensfragen umgegangen sind, um von dort aus bescheiden – und damit gerade nicht im Brustton der eigenen unerschütterlichen Überzeugung! – erkennen zu lassen, wie sie selbst damit umzugehen versuchen. So können Pfarrpersonen als «Resonanzkräfte» dafür dienen, mitgeteilte Lebensgeschichten aus der Gemeinde wiederzugeben und diese – in aller würdebewahrenden Zurückhaltung – mit biblischen Lebensgeschichten zu verschränken.

Dies setzt auf Seiten der predigenden Person erhebliche Sicherheit – im rhetorischen Sinn des *oratorischen Zertums*[5], im theologischen Sinn der *certitudo* – und ein Vertrauen in das Gelingen dieses Prozesses voraus. Gerade weil alle Predigtrede schon von ihrer Initiierung an ein Freiheitsgeschehen darstellt, haben die Predigenden alle Freiheiten, sich damit immer wieder eigenständig und neu auseinanderzusetzen. Und so steht und fällt die Predigtrede mit der Fähigkeit, sich immer wieder in aller Sicherheit und Freiheit den Komplexitäten und Unsicherheiten des gesprochen Wortes und dem konkreten Kontext des Redens auszusetzen.

Prediger und Gemeinde stehen sich nicht gegenüber, sondern stehen nebeneinander in der Erwartung, dass ihnen etwas aufgeht von der göttlichen Wahrheit über ihr Leben und ihre Lebenssituation. Darin liegt ein Moment der Unverfügbarkeit und damit auch der Spannung. Im gelingenden Fall führt das Suchen zum Finden und die aufmerksame Anspannung kann zur Freude über das Gefundene weiterleiten.

---

[5] So in rhetorischer Perspektive *Knape*, Rhetorik und Predigt, 47.

Über alle hermeneutischen und rhetorischen Aspekte hinaus muss eine solche Bildung zum Predigen fundamental von der permanenten und selbstkritischen Frage der Predigenden ausgehen, wofür sie durch ihr Reden stehen, wofür sie gemeinsam mit ihrer Hörergemeinde unbedingt eintreten wollen und woher sie ihre eigene Kraft für dieses schöpfen. Nicht mehr als Menschenwort, sondern als Gottes Wort beginnt es dann selbst in der Kraft und Polyphonie des Heiligen Geistes[6] zu wirken (vgl. 1Thess 2,13).

Von daher bringt alles öffentliche Predigen seinen theologischen Sinn dann zum Vorschein, wenn es von der Freiheit der Kinder Gottes ausgeht und diese zur Freiheit und Rechenschaft über ihre Hoffnung befähigt. All dies klingt komplex, vielleicht sogar kompliziert und im Einzelfall als nur schwer einlösbar. Aber als geschenkte Aufmerksamkeit lässt es sich existenziell und erstaunlich elementar zur Sprache bringen: Aufmerksam predigen heißt mitmenschlich predigen – oder um es noch weiter zu fassen – die Kunst, «mit dem wort am leben hängen.»[7]

---

[6] Vgl. *Bohren*, Predigtlehre, 79.
[7] *Kunze*, dichter im exil, 31.

Literaturverzeichnis

Albrecht, C., Kasualtheorie. Geschichte, Bedeutung und Gestaltung kirchlicher Amtshandlungen. Tübingen 2006.

Anderegg, Johannes, Über die Sprache des Alltags und Sprache im religiösen Bezug, in: ZThK 95 (1998), 366–378.

Ansorge, U./Leder, H., Wahrnehmung und Aufmerksamkeit. Wiesbaden 2011.

Art. aufmerkig, attentus, Deutsches Wörterbuch von Jacob und Wilhelm Grimm. Leipzig 1854–1961. Online-Version [15.4.2013].

Art. aufmerksamkeit, Deutsches Wörterbuch von Jacob und Wilhelm Grimm. Leipzig 1854–1961. Online-Version [15.4.2013].

Art. Aufmerksamkeit, in: Pschyrembel. Klinisches Wörterbuch. Berlin/New York [261]2004, 78.

Art. Aufmerksamkeitsaktivierung, in: Pschyrembel. Klinisches Wörterbuch. Berlin/New York [261]2004, 79.

Augustinus, De doctrina Christiana, in: http://www.augustinus.it/latino/dottrina_cristiana/index2.htm [15.6.2013].

Bader, B./Harms, S./Kunz, R., Sonntagsgottesdienste im Zwiespalt. Einsichten aus einer pastoralsoziologischen Studie zur gottesdienstlichen Situation bei Deutschschweizer Reformierten, in: K. Fechtner/L. Friedrichs (Hg.), Normalfall Sonntagsgottesdienst. Gottesdienst und Sonntagskultur im Umbruch. Stuttgart 2008, 60–69.

Barth, K., Menschenwort und Gotteswort in der christlichen Predigt (1924), in: R. Conrad/M. Weeber (Hg.), Protestantische Predigtlehre. Eine Darstellung in Quellen. Tübingen 2012, 162–183.

Bedford-Strohm, H., Position beziehen. Perspektiven einer öffentlichen Theologie. München 2013.

Bieritz, K.-H., Zwischen-Räume. Eine Meta-Meditation zum Ort der Predigtmeditation zwischen Text und Predigt, in: A. Deeg/M. Nicol (Hg.), Bibelwort und Kanzelsprache. Homiletik und Hermeneutik im Dialog. Leipzig 2010, 137–157.

Bohren, R., Unsere Kasualpraxis, eine missionarische Gelegenheit? München 1960.

Bohren, R., Predigtlehre. München [4]1980.

Bouwer, J., Konturen einer prophetischen Homiletik, in: G. Bitter/H. Heyen (Hg.), Wort und Hörer. Beispiele homiletischer Perspektiven. Berlin 2007, 111–123.

Büchsel, G., Die unterschätzte Bedeutung des Hörens in Bildungsprozessen. Eine Praxisreflexion. Unveröff. Manuskript. Bad Boll 2012, 13.

Bukowski, P./Kasparick, H., Zum Predigen ausbilden. Ein Gespräch, in: PrTh 47 (2012), 23–30.

Charbonnier, L./Merzyn, K./Meyer, P., Einführung in: Diess. (Hg.), Homiletik. Aktuelle Konzepte und ihre Umsetzung. Göttingen 2012, 9–18.

Conrad, R., Kirchenbild und Predigtziel. Tübingen 2012.

Cornelius-Bundschuh, J., Wann ist eine Predigt gut? Überlegungen zur Qualität von Verkündigung, in PrTh 46 (2011), 39–52.

Dalferth, I.U., Kombinatorische Theologie. Probleme theologischer Rationalität. Leipzig 1998.

Deeg, A./Meyer-Blanck, M./Stäblein, C., Präsent predigen statt (un)frei herumreden – 40 streitbare Thesen, in: Diess. (Hg.), Präsent predigen. Eine Streitschrift wider die Ideologisierung der «freien» Kanzelrede. Göttingen 2011, 9–20.

Deeg, A., Die Leidenschaft für den Text und die Lust an der gestalteten Rede, in: A. Deeg/M. Meyer-Blanck/C. Stäblein, Präsent predigen. Eine Streitschrift wider die Ideologisierung der «freien» Kanzelreden. Göttingen 2011, 56–99.

Deeg, A., Predigtkultur. Ein programmatischer Begriff zwischen Zuspruch und Anspruch, in: Praktische Theologie 47 (2012), 6–12.

Dober, H.M., Evangelische Homiletik. Dargestellt an ihren drei Monumenten Luther, Schleiermacher und Barth mit einer Orientierung in praktischer Absicht. Berlin 2007.

Drehsen, V., Religion in den Medien und mediale Religiosität. Ein polemischer Essay, in: R. Preul/R. Schmidt-Rost (Hg.), Kirche und Medien. Gütersloh 2000, 72–83.

ekd.de/zentrum-predigtkultur/ziele.html [16.6.2013].

Engemann, W., Die Problematisierung der Predigtaufgabe als Kern homiletischer Didaktik. Zur Methodik der Predigtvorbereitung, in: PrTh 39 (2004), 193–206.

Engemann, W./Lütze, F.M. (Hg.), Grundfragen der Predigt. Ein Studienbuch. Leipzig ²2009.

Espinet, D., Phänomenologie des Hörens. Tübingen 2009.

Fechtner, K./Klie, T., Riskante Liturgien. Zum Charakter und zur Bedeutung von Gottesdiensten in der gesellschaftlichen Öffentlichkeit, in: Diess. (Hg.), Riskante Liturgien. Gottesdienste in der gesellschaftlichen Öffentlichkeit. Stuttgart 2011, 7–21.

Fleischhauer, J., Käßmanns kleine Geschichtsstunde, in: SPIEGEL-Online vom 17.10.2010 [27.6.2013].

Franck, G., Ökonomie der Aufmerksamkeit. Ein Entwurf. München/Wien 1998.

Gall, S./Schwier, H., Predigt hören im konfessionellen Vergleich. Berlin 2013.

Gebhard, D., Glauben kommt vom Hörensagen. Studien zu den Renaissancen von Mission und Apologetik. Göttingen 2010.

Geissner, H.K., Hörende predigen mit, in: M. Peier (Hg.), Beim Wort genommen. Kommunikation in Gottesdienst und Medien. Zürich 2007, 117–126.

Gräb, W., Predigtlehre. Über religiöse Rede. Göttingen 2013.

Greiten, S., Zur Aufmerksamkeit erziehen. Den Geist wach halten und das Denken begleiten als erzieherische Grundhaltung, in: Pädagogik 1/2005, 28–31.

Grethlein, C., Praktische Theologie. Berlin/New York 2012.

Grevel, J.P., Der Raum des Verstehens. Anstöße für eine hermeneutische Homiletik, in: PrTh 39 (2004), 213–223.

Grözinger, A., Die Kirche soll sich auf ihr Eigentliches besinnen. Praktisch-Theologische Überlegungen zu einem verbreiteten Argument, in: PTh 32 (1997), 128–132.

Grözinger, A., Praktische Theologie als Kunst der Wahrnehmung. Gütersloh 1995.

Grözinger, A., Toleranz und Leidenschaft. Über das Predigen in einer pluralistischen Gesellschaft. Gütersloh 2004.

Grözinger, A., Rhetorik. Kunst der Rede/Religiöse Sprache/Sprechakttheorie/ Homiletik und Rhetorik, in: W. Gräb/B. Weyel (Hg.), Handbuch Praktische Theologie. Gütersloh 2007, 821–832.

Grözinger, A., Homiletik. Gütersloh 2008.

Haizmann, A., Integrierte Homiletik. Die Einheit der Predigtlehre im Begriff des Handelns, in: IJPT 11 (2007), 234–254.

Halfwassen, K., Heraus aus der Jesuskurve. Interview mit Alexander Deeg, in: Die Zeit Nr. 49 vom 26.11.2009.

Härle, W., Hirnforschung und Predigtarbeit. Beobachtungen, Überlegungen und praktische Konsequenzen, in: Praktische Theologie 47 (2012), 108–117.

Hassiepen, W./Herms, E. (Hg.), Grundlagen der theologischen Ausbildung und Fortbildung im Gespräch. Die Diskussion über die «Grundsätze für die Ausbildung und Fortbildung der Pfarrer und Pfarrerinnen der Gliedkirchen der EKD». Dokumentation und Erträge 1988–1993. Stuttgart 1993.

Heine, S., Raum des Textes – Raum der Predigt, in: H. Kerner (Hg.), Predigt in einer polyphonen Kultur. Leipzig 2006, 47–63.

Herbst, M./Schneider, M., «wir predigen nicht uns selbst». Ein Arbeitsbuch für Predigt und Gottesdienst. [2]2002 Neukirchen-Vluyn.

Heyen, H., Warum die Predigt das 21. Jahrhundert überleben wird, in: G. Bitter/H. Heyen (Hg.), Wort und Hörer. Beispiele homiletischer Perspektiven. Berlin 2007, 137–149.

Heyl, A. v., Zwischen Burnout und spiritueller Erneuerung. Studien zum Beruf des evangelischen Pfarrers und der evangelischen Pfarrerin. Frankfurt/M. 2003.

Hirsch-Hüffell, T., Weisheits-Collage als offenes Predigtkunstwerk. Homiletik anhand des Modells der Gottesdienste mit Lebens-Experten und Lebens-Expertinnen, in: PrTh 47 (2012), 30–34.

Hoffmann, M., Ethisch und politisch predigen. Grundlagen und Modelle. Leipzig 2011.

Honneth, A., Kampf um Anerkennung. Zur moralischen Grammatik sozialer Konflikte. Frankfurt/M. [7]2012.

Honneth, A./Lindemann, O./Voswinkel, S. (Hg.), Strukturwandel der Anerkennung. Paradoxien sozialer Integration in der Gegenwart. Frankfurt/M./New York 2013.

Hoß, D., Pazifistin unter Beschuss, in: Stern-Online vom 10.1.2010 [27.6.2013].

Hugendick, D., Literaturkritik im Ausnahmezustand, in: DIE ZEIT, 3.7.2013 [14.7.2013].

Imhof, K., Die Krise der Öffentlichkeit. Kommunikation und Medien als Faktoren des sozialen Wandels. Frankfurt/M. 2011.

Jens, W., Der Römerbrief. Stuttgart 2000.

Jörns, K.P., Die theologische Aufgabe der Homiletik, in: W. Engemann (Hg.), Theologie der Predigt. Grundlagen – Modelle – Konsequenzen. Leipzig 2001, 15–34.

Josuttis, M., In die Gottesgegenwart führen, in: L. Charbonnier/K. Merzyn/P. Meyer (Hg.), Homiletik. Aktuelle Konzepte und ihre Umsetzung. Göttingen 2012, 85–101.

Jüngel, E., Erfahrungen mit der Erfahrung. Unterwegs bemerkt. Stuttgart 2008.

Kabel, T., Übungsbuch Liturgische Präsenz. Gütersloh 2011.

Käbisch, D., Praktisch-theologische Problemstellungen, in: V.H. Drecoll (Hg.), Trinität. Tübingen 2011, 201–204.

Karle, I., Das Evangelium kommunizieren, in: L. Charbonnier/K. Merzyn/P. Meyer (Hg.), Homiletik. Aktuelle Konzepte und ihre Umsetzung. Göttingen 2012, 19–33.

Kerner, H., Predigt in einer polyphonen Kultur. Wahrnehmungen aus einer neueren empirischen Untersuchung unter evangelisch Getauften, in: Ders. (Hg.), Predigt in einer polyphonen Kultur. Leipzig 2006, 7–27.

Knape, J., Was ist Rhetorik? Stuttgart 2000.

Knape,J., Kann der Orator tolerant sein? Zur Toleranzfrage aus rhetoriktheoretischer Sicht, in: F. Schweitzer/C. Schwöbel (Hg.), Religion – Toleranz – Bildung. Neukirchen-Vluyn 2007, 39–56.

Knape, J., Rhetorik und Predigt. Wie viel Rhetorik braucht die Predigt?, in: M. Meyer-Blanck/J. Seip/B. Spielberg (Hg.), Homiletische Präsenz. Predigt und Rhetorik. München 2010, 29–51.

Knoblauch, H., Populäre Religion. Auf dem Weg in eine spirituelle Gesellschaft. Frankfurt/M. 2009.

Koranyi, M., Gottesdienste zur Konfirmation. Göttingen 2011.

Körtner, U.H.J., Gestalten des Wortes, in: H.-C. Schmidt-Lauber/M. Meyer-Blanck/K.-H. Bieritz (Hg.), Handbuch der Liturgik. Göttingen ³2003, 706–719.

Kunze, R., dichter im exil, in: Ders., eines jeden einziges leben. gedichte. Frankfurt/M. 1986.

Lange, E., Zur Theorie und Praxis der Predigtarbeit. Bericht von einer homiletischen Arbeitstagung September 1967 – Esslingen. Berlin 1968, 11–43.

Latour, B., Jubilieren. Über religiöse Rede. Berlin 2011.

Laube, M. (Hg.), Perspektiven für den Pfarrberuf. Auswertungstagung zum Diskussionsprozess über das «Arbeitsbuch zur Pastorinnen- und Pastorenbefragung der Ev.-Luth. Landeskirche Hannovers». Loccum 2008, 18–81.

Leppin, H., Die Kirchenväter und ihre Zeit. Von Athanasius bis Gregor dem Großen. München ²2006.

Lütze, F.M., Absicht und Wirkung. Eine Untersuchung zur homiletischen Pragmatik. Leipzig 2006.

Lyden, J., The Routledge Companion to Religion and Film. Abingdon 2009.

Martin, J., Mensch – Alltag – Gottesdienst. Bedürfnisse, Rituale und Bedeutungszuschreibungen evangelisch Getaufter in Bayern. Berlin 2007.

Mazur, E.M., Encyclopedia of religion and film, Santa Barbara 2011.

Mertin, A., «und räumlich glaubet der Mensch». Der Glaube und seine Räume, in: T. Klie (Hg.), Der Religion Raum geben, Kirchenpädagogik und religiöses Lernen. Münster 1998, 51–76.

Meyer-Blanck, M., Die Predigt in Raum und Ritual, in: PrTh 34 (1999), 163–173.

Meyer-Blanck, M., Das Rhetorische und das Pädagogische in der Jugendpredigt. Ein homiletischer Zwischenruf, in: Ders./U. Roth/J. Seip (Hg.), Jugend und Predigt. Zwei fremde Welten? München 2008, 219–227.

Meyer-Blanck, M., Gottesdienstlehre. Tübingen 2011.

Meyer-Blanck, M., Homiletische Präsenz. Ein Plädoyer im Rahmen der Diskussion um die «freie Rede» in der Homiletik, in: A. Deeg/M. Meyer-Blanck/C. Stäblein, Präsent predigen. Eine Streitschrift wider die Ideologisierung der «freien» Kanzelreden. Göttingen 2011, 21–55.

Micklich, T., Kommunikation des Glaubens. Gottesbeziehung als Kategorie praktisch-theologischer Theoriebildung. Göttingen 2009.

Mittelstrass, J., Forschung zwischen Wahrheit, Nutzen und Verantwortung, in: Stifterverband für die Deutsche Wissenschaft. Jahresversammlung des Landeskuratoriums Baden-Württemberg. Ansprachen und Vortrag. Essen 1989, 10–23.

Möller, C., Für die Seele sorgen, in: L. Charbonnier/K. Merzyn/P. Meyer (Hg.), Homiletik. Aktuelle Konzepte und ihre Umsetzung. Göttingen 2012, 34–49.

Möller, M., Ciceros Rhetorik als Theorie der Aufmerksamkeit. Heidelberg 2013.

Montessori, M., Das Kind in der Familie [1923]. Stuttgart 1954.

Moser, F., Mit Altem Neues schaffen. Materiale Homiletik zwischen «Betonsprache» und treffender Sinngebung, in: H. Kerner (Hg.), Predigt konkret. Grundlinien homiletischer Ansätze. Leipzig 2011, 125–137.

Müller, H.M., Homiletik. Eine evangelische Predigtlehre. Berlin/New York 1996.

Niebergall, F., Die moderne Predigt (1905), in: G. Hummel, Aufgabe der Predigt. Darmstadt 1971, 9–74.

Nisslmüller, T., Homo audiens. Der Hör-Akt des Glaubens und die akustische Rezeption im Predigtgeschehen. Göttingen 2008.

Okey, S., The Public Vocation of the Theologian, October 19, 2011, in: http://dailytheology.org/2011/10/19/the-public-vocation-of-the-theologian/ [13.4.2013].

Panzer, L., Glauben ins Gespräch bringen. Verkündigung im Rundfunk als Mitteilung von Erfahrungen. Freiburg 2012.

Plüss, D., Texte inszenieren, in: L. Charbonnier/K. Merzyn/P. Meyer, Einführung, in: Diess. (Hg.), Homiletik. Aktuelle Konzepte und ihre Umsetzung. Göttingen 2012, 119–136.

Pohl-Patalong, U./Muchlinsky, F., Predigen im Plural. Homiletische Perspektiven. Hamburg 2001.

Pohl-Patalong, U., Gottesdienst erleben. Empirische Einsichten zum evangelischen Gottesdienst. Stuttgart 2011.

predigtpreis.de [26.9.2013].

Rapp, G., Aufmerksamkeit und Konzentration. Erklärungsmodelle, Störungen und Handlungsmöglichkeiten. Bad Heilbrunn 1982.

Raschzok, K., Der Dreiklang von principieller, materieller und formeller Homiletik. Ein Gespräch mit Alexander Schweizer, in: H. Kerner (Hg.), Predigt konkret. Grundlinien homiletischer Ansätze. Leipzig 2011, 57–82.

Ricoeur, P., An den Grenzen der Hermeneutik. Philosophische Reflexionen über die Religion. Freiburg/München 2008, 41–57.

Rössler, D., Beispiel und Erfahrung. Zu Luthers Homiletik, in: C. Albrecht/ M. Weeber (Hg.), Klassiker der protestantischen Predigtlehre. Tübingen 2002, 9–25.

Roth, U., Schuld, Scheitern, Irrtum. Material-homiletische Überlegungen zur Predigt von der Sünde, in: H. Kerner (Hg.), Predigt konkret. Grundlinien homiletischer Ansätze. Leipzig 2011, 83–100.

Rumpf, H., Diesseits der Belehrungswut. Pädagogische Aufmerksamkeiten. Weinheim/München 2004.

Sagert, D., Langweilig!, in: K. Oxen/D. Sagert (Hg.), Mitteilungen. Zur Erneuerung evangelischer Predigtkultur. Leipzig 2013, 187–194.

Sagert, D., Mit jungen Leuten an ihren Predigten arbeiten. Ein Gespräch, in: K. Oxen/ D. Sagert (Hg.), Mitteilungen. Zur Erneuerung evangelischer Predigtkultur. Leipzig 2013, 155–162.

Schaap-Jonker, H., Über die Rolle des Hörers und seiner psychischen Struktur im Predigtgeschehen, in: G. Bitter/H. Heyen (Hg.), Wort und Hörer. Beispiele homiletischer Perspektiven. Berlin 2007, 30–43.

Schibilsky, M., Kirche in der Mediengesellschaft, in: R. Preul/R. Schmidt-Rost (Hg.), Kirche und Medien. Gütersloh 2000, 51–71.

Schlag, T., Emotionen im Gottesdienst – wie Jugendliche für Kirche begeistert werden, in: H. Schmidt, (Hg.), Angebot der Volkskirchen und Nachfrage des Kirchenvolks. Zürich/Berlin 2009, 119–133.

Schlag, T., Öffentliche Kirche. Grunddimensionen einer praktisch-theologischen Kirchentheorie. Zürich 2012.

Schleiermacher, F., Die praktische Theologie nach den Grundsätzen der evangelischen Kirche im Zusammenhange dargestellt [1850], Berlin/New York 1983.

Schleiermacher, F., Reden über die Religion [1799], Stuttgart 1980.

Schmid-Peters, A., Mit Training zu mehr Aufmerksamkeit. Wie Lehrer es sich und ihren Schülern leichter machen können, in: Pädagogik 1/2005, 32–34.

Schmidt, S.J., Konstruktivismus in der Medienforschung. Konzepte, Kritiken, Konsequenzen, in: K. Merten/ders./S. Weischenberg (Hg.), Die Wirklichkeit der Medien. Eine Einführung. Opladen 1994, 592–623.

schweizer-predigtpreis.ch/home [31.10.2013].

Schwier, H., Plädoyer für Gott in biblischer Vielfalt. Hermeneutische und homiletische Überlegungen zum Inhalt der Predigt, in: H. Kerner (Hg.), Predigt konkret. Grundlinien homiletischer Ansätze. Leipzig 2011, 139–151.

Schwier, H., Von Gott reden – die Menschen ansprechen, in: L. Charbonnier/K. Merzyn/P. Meyer (Hg.), Homiletik. Aktuelle Konzepte und ihre Umsetzung. Göttingen 2012, 50–67.

Seebert, D., Art. Aufmerksamkeit, in: G. Ueding (Hg.), Historisches Wörterbuch der Rhetorik Online. Tübingen 2012, 59–69 [14.3.2013].

Soeffner, H.H., Interaktion und Interpretation, in: Ders. (Hg.), Interpretative Verfahren in den Sozial- und Textwissenschaften. Stuttgart 1979, 328–351.

Stolz, J./Ballif, E., Die Zukunft der Reformierten. Gesellschaftliche Megatrends – kirchliche Reaktionen. Zürich 2010.

Suchsland, R., Rotkäppchen und der böse Wolf. Filmbesprechung 3096 Tage, in: http://www.artechock.de/film/text/kritik/3/30tage.htm [19.3.2013].

Thiele, M., Geistliche Beredsamkeit. Reflexionen zur Predigtkunst. Stuttgart 2004.

Ulrich, H.G., Wie Geschöpfe leben. Konturen evangelischer Ethik. Berlin ²2007.

Tracy, D., Theology as Public Discourse, in: The Christian Century, March 19, 1975, 280–284.

Volf, M., Von der Ausgrenzung zur Umarmung. Versöhnendes Handeln als Ausdruck christlicher Identität. Marburg an der Lahn 2012.

Wagner-Rau, U., Hinweise zur Predigtarbeit, in: http://www.kirchbautag.de/uploads/media/Leitfaden_Predigt_Wagner_Rau.pdf [14.3.2013].

Wagner-Rau, U., Immer wieder predigen. Zwischen Verschleiß und Erneuerung, in: K. Fechtner/L. Friedrichs (Hg.), Normalfall Sonntagsgottesdienst. Stuttgart 2008, 156–166.

Wagner-Rau, U., Auf der Schwelle. Das Pfarramt im Prozess kirchlichen Wandels. Stuttgart 2009.

Waldenfels, B., Phänomenologie der Aufmerksamkeit. Frankfurt/M. 2004.

Wannenwetsch, B., Gottesdienst als Lebensform – Ethik für Christenbürger. Stuttgart/Berlin/Köln 1997.

Weder, H., Neutestamentliche Hermeneutik. Zürich 1986.

Weil, S., Aufmerksamkeit für das Alltägliche. Ausgewählte Texte zu Fragen der Zeit. München ³1994.

Welsch, W., Auf dem Weg zu einer Kultur des Hörens, in: Das Ohr als Erkenntnisorgan, Paragrana Bd. 2, Heft 1–2 (1993), 87–103.

Wessel, B., Art. Attentum parare, facere, in: G. Ueding (Hg.), Historisches Wörterbuch der Rhetorik Online. Tübingen 1992, 1161–1163 [14.3.2013].

Weyel, B., Predigt. Textauslegung/Homiletik/Predigtgeschehen/Öffentlichkeit, in: W. Gräb/Dies. (Hg.), Handbuch Praktische Theologie. Gütersloh 2007, 627–638.